新世紀叢書

當代重要思潮・人文心靈・宗教・社會文化關懷

真理的意義

【目錄】本書總頁數共288頁

〈導讀〉

開啟真理的對話

從形構多元實踐的生活脈絡作為起點

國立東華大學臨床與諮商心理學系副教授
林耀盛

「重新發現」詹姆斯的蹤跡

威廉・詹姆斯（William James, 1842-1910）已經成為一種當代學術文化和社會政治還在持續發酵的、運動的在「中途中」（in between）的重要「現象」。他不僅是美國心理學與哲學歷史上的里程碑人物，更是當代文化與智識遺產的重要傳承者。在二十一世紀二〇〇五年歲末，重讀早已列入經典之林，原書出版於一九〇九年的《真理的意義》（*The Meaning of Truth*）一書，究竟意味著什麼樣的時代召喚？《真理的意義》是詹姆斯關於真理相關演講、評論或論述的合輯，從一九〇九年到二〇〇五年，重新踏勘這百餘年的歷史旅途，無非更清晰說明了詹姆斯的作品需要細膩咀嚼，而非平板地將他定位成實用主義者而已。

基本上，**詹姆斯的哲學態度是，養成「總是不斷尋求另一種可能」**的習慣，換言之，在本書中，**作者強調「經驗是一種歷程，沒有任何一種觀點，可以宣稱是真理的最後篇章。」因此，真理是一種「脆弱的平衡」，當一種真理被建立時，正顯示其不足之處，而隨時會被後來的論點所補充或推翻。**所以，論者曾以「獨眼巨人」和「十二隻眼睛的蟾蜍」之對比，來譬喻詹姆斯的哲學觀點。希臘神話裡，獨眼巨人屬於泰坦神族，他只有一隻眼睛，而這隻眼睛能放出致命的烈焰光芒。獨眼巨人靠著銳利無比的眼睛和無窮的體力，幫助宙斯贏得最後的勝利。但獨眼巨人的視野，只有一隻眼睛，其實也有侷限和盲點，如同單元主義哲學認識論。而十二隻眼睛的蟾蜍，每隻眼睛同樣有其視角與盲點，也各有其所觀察到的獨到論點，但每個論點之間是互為補充，而不是完全取代，所以，**詹姆斯的真理哲學是多角度的關照，是一種永無止盡的描述與分析。無疑地，詹姆斯對真理意義的剖析及對真理誤解的駁斥，正是**

透過不同視野剔透出真理的多元論意義。

詹姆斯的基本哲學觀，他命名為「基進實徵論」（radical empiricism，本書翻譯為基進實徵論）。所謂基進，意味著在他的哲學觀點裡，經驗具有基本的、進展的、軸心的屬性地位，而透過人類經驗的歷程性，掀啟了開放性與多元觀的哲學論點。所謂實徵，乃基於經驗是一種「主觀的」、「程序中」的合法證據，而沒有一種絕對客觀存在的宣稱。換言之，他認為他的實徵論是基進的步數，**他拒絕爭辯無法以經驗界說的事物，但他並不會排除只能以「部分」經驗呈顯的事物。他承認無法經驗的或難以被經驗的事物存在，但這樣的狀態事物，並非哲學論述的素材**。由此，他認為單元論的世界觀點，是一種假設，像是智性上和道德上的假期，是人類以認知簡化和平板單調的方式來認識世界。但**多元論者，即使冒著威脅到形上學基礎的危險，仍然永恆地開放經驗的任何可能性，這是一趟無止盡的真理論說的路程。**

用經驗的繁複動態性，抵抗單一邏輯的單元論，這是詹姆斯對真理意義的認識論。以詹姆斯的真理立場來說，行走於單調性智識帝國主義的佈局，儘管呈顯出可預測性的秩序理路，但卻使人類付出認知上的代價，將自身擠壓於貧瘠的、蒼白的生活處境裡。相反地，多元論像是哥德式的繁複建築，沒有單一規則的宏偉圖像，顯示著人類生命中永恆存在著無法以理性方式逕予化約解釋的事件，災變、信仰、真實、幻見、犧牲、倖存、情緒、道德、出生、死亡與界限樣態，各種生命機遇的可能性，在經驗的開放世界裡，以未定懸疑的姿態冒露出來，甚至互為交織成一則則的傳說或迷思。因而，從詹姆斯作品的重新反覆閱讀之旅，也可說是對人類心智功能習慣性地以單一思維衡鑑生活事件的態度，進行一場場的嚴峻挑戰。

作為「兩種文化」的中介

詹姆斯對人類心智功能特性的看法，主要可以分成三點。其一，心智功能具有一種目的論，也就是說心智現象，可以藉由動機、意圖、目標，甚至先驗的原因予以解釋。其二，心智並非由像一張白紙開始，而是包含某些固有的結構屬性，在此立場上，他的觀點接近哲學家康德的先驗範疇。其三，心智功能不可忽略意識和潛意識動態互動的深沈關係，所以，詹姆斯多少也將精神分析的脈絡納入其思維體系。由此，理解詹姆斯對真理和心智功能的認識論，要避免掉入極簡主義與單向度論述的陷阱，更不能只側重他對「科學心理學」著述的篇章而已。

「科學心理學」可說是文化現代主義（cultural modernism）的副產品，現代主義的源起，通常是溯往於文化由中世紀黑暗大陸年代到啟蒙運動的時期。由於美國是科學心理學知識的主要生產中心，加上美國挾其學術政治經濟的強力後盾，以及衛星媒體／資訊網路的跨國傳輸力量，因此很快取得知識主導權之優勢。然而，就過往長期以北美心理學為養料的台灣學界處境來說，向來對詹姆斯的引介，卻經常停留在將其稱之為「美國（科學）心理學之父」的樣版化面貌，忽略他對心理學多元論發展的卓越貢獻。

是故，就心理學的脈絡來看，詹姆斯持存的真理意義，可說是介入「兩種文化」（two cultures）的先驅者。心理學者金柏（Kimble）於一九八四提出心理學的「兩種文化」，試圖映照著斯諾（C. P. Snow）於一九五〇年代末期所提出的自然科學與人文科學的文化差異。金柏所舖陳的心理學的兩種文化的對比如下：⑴科學的vs.人類價值。⑵決定論vs.未定論。⑶客觀論vs.直觀論。⑷實驗室vs.場地論。⑸通則取向vs.特則取向。⑹元素主義vs.整體主義。在如此的對比下，心理學的「通則普遍論實證科學模式」與「特則直觀論詮釋科學模式」，彷彿分別確立知識發展的雙元特性。由此兩種文化的境脈來看，心理學基本上是沿用兩種方法論的模式發展——「自然科學模式」和「詮釋—現象學模式」。

然而，這樣的二元對立思路，往往只是使心理學學者感到分裂危機，進而思考心理學如何在分離中尋求大一統，像有論者就以「實證論」（positivism）的定位觀點，指出心理學分裂狀態的統一基礎必須根基於此。但以實證普遍論為核心意識的統一心理學主張，往往稀釋了心理學本身的豐饒意涵。是故，科學哲學的工作，必須擺脫二元對立的思考邏輯，執意嵌陷於諸如「科學／人文」、「西方／東方」、「中心／邊陲」的僵硬格局，恐怕只是窄化了人類經驗的豐富性。這樣的反思聲音，不是著眼於邊緣想像的恐慌反動，而是因為心理學從笛卡爾式的遺緒裡，繼承了心身二元的位置，心靈與身體的分離剝落，因而將人類孤懸於理性的刑台上，等待最後的救贖；這般狀態彷如被綑綁於高加索岩峰頂上的普羅米修斯，將文明火把傳給人類，因而遭受處罰，他在巨岩上任憑禿鷹啄刺，肉體上承受世間的苦難，心靈上卻仍等待潘朵拉盒子裡僅存的希望。重新閱讀詹姆斯的作品，可以發現其處處早已顯露著具開放多元論心理學與哲學的未來希望種子。

綜觀詹姆斯一生豐饒的遺產，使得我們得以重新省察「兩種文化」所造成的分離主義問題，也指向了一種兩造典範互為中介諮商的希望所在。詹姆斯的作品及生平，展演了開發創造與不斷經驗的歷程，值得過去曾經熟悉他的、尚未認識的或已經接觸其作品的閱讀者，都可以藉由反覆閱讀思索詹姆斯，將其遺產在不同世代間傳承下去。**如同詹姆斯所認為，真理總是在開放系統中「創建」著，不存在固定單一的實體，我們置身的文化與智識遺產也同樣在「創建」過程中**，由此，我們對詹姆斯作品、生平與精神資產的探索瞭解，縱使已過了一世紀，其實也是仍在「創建」著，我們還尚未完全認識理解詹姆斯的圖像，要接近他的任何一隻眼睛所關照的視野，並進入真理作為一種人文主義的實踐網絡裡，閱讀本書是一個好的起點。

「當代介入」的多重可能性

進一步來看，詹姆斯對心理學（或廣義社會科學）認識論議題的看法，可說是一種介於「實在論」與「建構論」之間。一方面，他認為真實是一種暫存的狀態，不存在一個單元論的「實存靜態」真實；另一方面，他認為真實是一種「動態建構」，他指出世界自身尚未發展完成，仍在持續進展之中，故面對世界，也沒有定調的單一觀點可以解釋所有事件。

當然，他並非屬於「怎麼作都行」（Anything goes）的方法論無政府主義者，因為，**他認為建構並非一種無限上綱，否則反而癱瘓了建構作為一種動態歷程的思考，所以，建構是一種「生發理論」。所謂生發，從實用論的哲學立場來看，他強調人類經驗與概念基模的歷程性、脈絡性與發展性，這是一種不斷拓張的人類本性。**我們所擁抱的真理，就像是一種地下莖植物，盤雜、交錯、互為補充、互為抹除，也許真理論說之間是鄰近的，也許是彼此為伴，也許是另一種真理的先驅，**也許，真理永遠是一種潛在的中介連結，無法成為真理自身。但無論如何，從錯誤、疏漏與缺口出發，也可以抵達真理的彼岸。**

詹姆斯從生發創造的角度，重視心理學與哲學的「歷史」，認為時間與歷史是人類經驗無可取消的向度，也是哲學論述的核心質性。而我們，經常以認知廉價的方式，相信單一邏輯的史實，雖具時效性，卻非真理指涉；或者，對歷史的誤用與濫用，使我們一味服從於所有的傳統，缺乏創新能力，如此，歷史幽靈的糾纏使人類終究成為自身的影子，無法成就人類成為自身主體的任務。

詹姆斯認為經驗（ex-perience）具有外在的屬性，他有時把經驗刻意以分節號區隔拼字，正是強調外衍性的重要（ex 在拉丁字根裡，具有從內而外，外顯突出的意思）。所以，他不會否認在我們的經驗感覺外部，具有實質性的感知資料，經驗生發的基礎也位於此，因此他不是反對任何方法論。由此，詹姆斯的貢獻，可以概分為三點。其一，他是一個在「實在論」與「建構論」兩個極端的中介者，他認為固然我們的概念基模是一種建構，但在我們的經驗自身裡，有時會遭遇固執的屬性，進而規限了經驗開放的可能性，我們要能不斷含納內外在的經驗，卻不能無限上綱，以避免掉入「怎麼作都行」的困局。其二，他重視歷史的力量在人類經驗中的角色，無論是個人或文化所形構的歷史，歷史作品會歷經改編與篩選，但透過對過去的描述與敘說，相信可以取回過去歷史的顯著效應，成為我們進步的來源。其三，以多元開放的後現代主義先驅者之姿，挑戰了淺碟式、刺耳式的概念基模，他相信「物質」世界與「靈性」世界之間存在著溝通的渠道，使得我們面對當代歷史、社會、政治、經濟、宗教與文化等不同層面，得以更寬容多元的方式重新省察其相互間的真理關係。

回頭「再反思」真理及其實踐

真理是西方哲學史上的古老概念，真理源於古希臘的 aletheia，原意為去蔽、展現、揭示。**真理並不意味著關閉，而是指開放，指開放自身的活動。**事實上，修辭學是由語言構成，它在過去就是一種揭示真理的方法，詮釋學家高達美（Gadamer）曾重新展示古希臘的修辭學傳統，目的在於強調修辭學不僅是原本意義上的「善說的技巧」，而且是辯證的對話，同時也是倫理學意義上的實踐。因此，修辭學是一項有關人的知識與人的實踐，是人類交往無所不在的形式，透過修辭表現了人類永不間斷的對話，也實踐了倫理學落腳的家園，探究著人類存在的希望義理。

而今，跨越十九世紀和二十世紀的詹姆斯，其生平和相關作品，其實仍在創建著各種可能性，是作為一種當代社會的在「中途中」現象，儘管他被稱為「美國心理學之父」，也是形構心理學「自然科學典範化」的奠基者，**但從某個層面來說，他也可以視為心理學作為「後現代主義修辭學」脈絡下的美國心理學家第一人。因為後現代論不是一種信仰真理的背反，也不是一種懷疑論的激烈形式，而是一種思考關**

於知識的歷程、知識的可能性，以及解構知識自身的不同方式。因此，後現代論可說是對西方遺產／傳統及其參與者，進行基進思考的一種形式。

於是，我們瞭解到，詹姆斯一方面是個科學主義者，但他的科學觀是允許置入形上學，而且，他也不像傳統實證論般，將科學探究的活動，侷限在可觀察性和具度量性的範疇裡，故他對實證論持存著一種批判態度。另一方面，他以描述心理學的路徑，去逼近真實的解釋與草描，這可也說是一種現象學的方法。在實證論與現象學之間的混織，詹姆斯認為心智研究涉及複雜的動態歷程，需要以具備開放和彈性的跨學科方法持續探究，多元越界的哲學思路與方法實踐，這樣說來，他不正是後現代主義心理學的先驅者？

當然，詹姆斯的時代，無法遇（預）見後現代心理學的難題。然而，我們可以如此隱喻反思著，那些對心理學科學主義不滿者，以及認為後現代思維是令人心動者，發現自身的處境就像是站在人面獸身史芬克斯（Sphinx）面前的伊底帕斯，究竟下一步的處境，會是叛反自己的命運，還是走向宿命的歸途？伊底帕斯是否可以產生不同版本的結局？這樣躊躇在「現代科學主義」與「後現代論述」指標路口的心理學轉型狀態，一如故事人物通過考驗前，面臨著隱喻式解謎的關鍵，心理學自身的學科塑造，或者說逼近人類經驗領域的廣義學科研究，這些探究人類心智功能、經驗行為與本性發展的學科，未來的走向如何，值得持續觀察與往復忖思。

但無可諱言地，重新翻譯介紹，並鼓勵仔細閱讀詹姆斯作品，不但可以瞭解詹姆斯當年以自身的獨特重建了他的時代，亦使我們得以後設歷史的角度，重新歷經「實在」與「真理」的困擾議題，得以如何梳理。也因此，我們也開始建構自身的置身年代，進而重新不斷地再體驗環繞主體生命經驗的歷史時刻。詹姆斯系列的研究母題，也可說是為了探索普遍性和獨特性之間複雜的交互關聯，以及個人一生中的心智歷程與公共議題之間的關聯。

最後，回到台灣社會省思，在懷疑佔據了我們的生活想像，社會焦慮造成人我之間的阻絕處境下，還有真理的意義可言嗎？我們總是感染了「同一症狀」和「頑抗情結」，排除社會場域的真實處境，投射認同於一種沒有差異、滿具實質正義的幻象，無法直指不同立場的政治擘劃，本來就存在著內、外在的衝突和差異的經驗世界。唯有讓這些衝突變成可見，並使其進入公共領域討論，民主的種子才不會變種為危害社會的病毒。試圖遮蔽差異的政治符號，其實就是一種超級空洞無物的再現。

由此，政治新論述的口號也許容易給出，但不同世代差異經驗間的對話時刻和相互瞭解是否得以降臨，若無法從肯認繁複經驗和實踐多元論真理作為開端，不無疑問。因此，**從詹姆斯對真理意義的清理與論述來看，若「真理」這個詞已經正式地失去其地位，不再是信念與意義的財產，而成為單一「事實」的技術性修辭，那就會使我們逐漸遠離所有大和解的希望。**

詹姆斯在本書慨嘆著，也許下一代會比「反實用主義者」更適應對於詞彙進行具體和經驗的詮釋，將實用主義涵括在生活脈絡裡。也許下一代也會覺得奇怪，像他這種無害且自然的真理觀點，在進入人們的心靈卻如此困難。諷刺的是，而今，**當真理多元論成為一種「政治正確」的咒語時，我們反而欠缺一種反省的能力，對於真正的多元實踐，反而形成目的性之壓制。因為當代社會對於多元論的耳熟能詳，使人們誤以為多元主義的踐行已然抵達了終點，甚至可能會對其產生一種麻木的感覺；這種麻木的概念也已經成為某種老生常談，對多元論的具現落實，不再認真聞問。**而今，透過重新引介、閱讀詹姆斯的多元真理觀點，不但是一種精神視野的修復性嘗試，更是一種溯源性的探索，得以體現不斷探索另一種哲學態度的可能性，不管是智識上或生活上的另一種可能性的追索與實踐。

正是因此，從康拉德著名小說《黑暗之心》的主軸度反思，映射著船隻航向大海的核心，猶如探測人性的暗沈底面。當船隻通到地球最末端的安靜水路，陰沈地在一片黯鬱的天空下流動著，似乎通到一處無限的黑暗中心，卻也弔詭地隱指蒼茫天地間的光明所在。詹姆斯會是那黑暗中心的一盞明燈嗎，也許，答案就從反覆閱讀詹姆斯的經典作品，緩慢地開始尋找。

前言

／威廉・詹姆斯（William James）

在我那本名為《實用主義》（*Pragmatism*）的書中，最核心的部分就是在說明被稱為「真理」的關係，可以在一個觀念（意見、信念、陳述或其他）與其客體之間獲得。我在該書中說：「真理是我們觀念的某些部分的屬性，它表示這些觀念與現實一致，如同謬誤表示與現實不一致。」實用主義學者與知識份子都接受這個定義，並視為理所當然。

當我們的觀念並未明確地複製它們的客體時，與其客體一致的意思是什麼？……實用主義提出它常問的問題。它說：『承認一個觀念或信念為真，究竟在任何人的實際生活中有什麼具體的差別？如果該信念是假的，有什麼樣的經驗會與信念為真的不一樣呢？真理如何被實現呢？簡而言之，在經驗詞彙上等價的真理是什麼？』當實用主義問這類問題的時候，它同時也看到了答案：**真的觀念就是那些我們能夠吸收、確證、支持、查核的，而為誤的觀念則是相反**。那就是我們擁有為真的觀念所帶來的實際差別；因此，那就是真理的意義，因為這正是真理被認識的全部內涵。

一個觀念的真理並非其內在靜止不動的屬性，真理**降臨在**觀念上，觀念**成為**真，被事件**創造成**真。其真實性（verity）事實上**是**一個事件、一個過程，就是其查核自身的過程，其證**明**（*verification*）的過程。其有效性（validity）就是其確**認**（*validation*）①的過程。

廣義上對某一個現實合意（agree），只能表示被直接引導到該現實本身，或是進入該現實的周圍環境，或者與它保持靈活的接觸以操縱它，或某種比我們在不合意時更好的連結，思想上的更好或實際上的更好。……任何可以幫助我們在實際上或思想上處理現實的觀念，無論是處理現實本身或其所屬、不讓我們在挫折中阻礙進展、事實上可以讓我們的生活**配合**且適應現實的整體環境的觀念，都能充分達到要求。對該現實而言這些都是為真的。

扼要地說，**那些為真的**（the true）**只是我們的思考方式的權宜之計**，**如同那些為對的**（the right）**只是我們行為方式的權宜之計**。當然，這在幾乎任何方式上、終究及整體而言，都是權宜之計，因為有助益地符合所有可見的經驗，不必然同樣令人滿意地符合未來的所有經驗。如同我們所知道的，經驗有各種**溢出**方式，會讓我們更正目前的種種公式。

這裡對真理的解釋追隨著杜威（Dewey）先生與席勒（Schiller）先生類似的概念，引起許多非常熱烈的討論。很少批評家為之辯護，大部分都譴責它。這個題目在其簡單的外表下，看起來難以理解，而且我相信其明確的定論將在知識論的歷史上形成一個轉捩點，之後在一般哲學史中也必是如此。為了讓那些未來有必要研究這個主題的人更容易接觸我的思想，我將我所有直接討論真理問題的文章匯集成冊。我在一八八四年提出第一個論點，該文就作為本書的開始。其他的文章是根據出版順序來編排的，其中有兩三篇文章為第一次出現。

我最常遇到的控訴之一，是針對我認為我們的宗教信仰之能成為真理，是涵括在其讓我們「覺得好」而不是在其他因素上。對於這個控訴，我很遺憾我在《實用主義》一書中給了一些藉口，我用不夠謹慎的語言談論到某些哲學家相信絕對者的真理。我試著解釋為何我自己不相信絕對者，但是卻發現這會確保某些人的「道德節日」，且在其限度內為真（如果有道德節日是好的）②，我把這一點當成是帶來和平的橄欖枝送給我的敵人，但是他們對於這樣的示好習以為常，便將禮物踩在腳下，把送禮者轉過身來撕裂。我太依靠他們的好意——喔，為了太陽下稀少的基督徒慈善！喔，也為了尋常世俗智慧的稀少。我曾經認為這是一件透過觀察就可知的普通事情，是兩種在其他方面都一樣，但對於世界的認識互相競爭的觀點，其中一個否認人類的重要需求，而另一個卻滿足該需求，第二個觀點會被正常人喜歡，因為它使這個世界看起來比較理性。在這個情況下選擇第一個觀點會是一個自找苦吃的行動，是一個冷靜深刻的自我否定的行動，沒有任何正常人會因為這樣而有罪。透過將概念的意義進行實用主義的檢驗，我要說明絕對者的概念乃表示節日的提供者，宇宙恐懼的驅逐者。當一個人說「絕對者存在」，就宣告了其實際上的釋放，正如在我所表明的「對現身於宇宙之前的安全感的某些辯護」，有系統地拒絕培養安全感，是對個人的情緒生活傾向的暴力，但可能被尊為先知。

顯然，我對絕對主義者的批評，沒有看見他們心智的作工，因而我所有能做的就是抱歉，並將我的禮物收回。絕對者在任何方式上都**不是**真實的，而且藉由批判者的審判，也絕不是以我指派的方式！

我對於「上帝」、「自由」以及「設計」的看法都是雷同的。藉由實用主義的檢驗，這些每一個概念都可以化約為正向的、可以經驗的操作，我認為它們都代表同樣的東西，即在這個世界上「許諾」的出現。「有上帝還是沒有上帝？」表示「有許諾還是沒有許諾？」對於宇宙是否有某一個特質的問題，對我而言，即使我們暫時的答案是以主觀的立場出發，這種替換說法已經足夠客觀了。然而，基督徒與非基督徒的批判者對我的控訴都一樣，說我召喚人們說「上帝存在」，**即使當祂並不在時**，因為在我的哲學中，這個說法的「真理」確實不真正地代表祂以任何外型存在，只是這樣說讓人覺得好。

大部分的實用主義者與非實用主義者的戰爭，是關於「真理」所指向的意義，而不是關於任何在真理情勢中的具體事實；因為兩者都相信既存的客體，也相信我們對這些對象的觀念。主要的差別是當實用主義者談論真理時，完全是在表達關於觀念的某些東西，即其可用性；而當非實用主義者談論真理時，他們大部分都是用來表達關於客體的某些東西。如果一個實用主義者同意某個觀念「確實」為真，他也會同意這個觀念所論及有關其客體的一切；而由於大部分的非實用主義者，在客體存在時都已經相信其觀念是有用的，看起來似乎沒有什麼可以爭辯的空間，大家可能會問我為何在這麼多的言語爭辯中，我不熱切地把我的「價值」感顯示出來。

我了解這個問題，並且我會告訴你們我的答案。我對哲學的另一個學說有興趣，我把它命名為「基進實徵論」（radical empiricism），對我而言，建立實用主義的真理理論是讓基進實徵論盛行的第一步。基進實徵論包含一個預設，接著是一個對事實的陳述，最後是一個全面的結論。

這個預設是說在哲學家中可以進行辯論的唯一事物，就是可以由經驗加以定義的事物。〔具有無法經驗本質的事物可能隨意存在，但是它們無法成為哲學辯論的素材。〕

對事實的陳述是針對事物之間的關係，無論是否已有連結，都是不多不少與直接特殊經驗有關，甚於事物本身。

因此，全面的結論是經驗的各個部分，藉著身為經驗的各個部分所形成的關係，一個接著一個聚合在一起。簡而言之，被直接理解的世界不需要額外的超驗連結的支持，而是在其自身內就有連鎖的或連續的結構。

對當代人的心智而言，基進實徵論的最大障礙就是根深柢固的理性主義者的（rationalist）信念，他們認為當下既定的經驗全部都是分裂無連結的，而為了由這種分裂中形成一個完整世界，必須有一個更高的、進行整合的媒介。在流行的唯心主義中，這個媒介被描繪為絕對的全見證（all-witness），把「類別」像網子般拋擲到事物身上，將事物「聯繫」起來。其中最特別、獨一無二的類別大概就是真理關係，將現實的部分配對連結，將其中一個當作認識者，另一個當作被理解者，但其自身在經驗上是無內容的，無法描述、無法辯明、也無法化約為比較低階的詞語，而只有用「真理」為名來指稱。

相反地，實用主義認為真理關係有明確的內容，而且其中的所有事物都是可以經驗的，其整體性質可以用明確的語彙來加以描述。為了成為真，概念所必需有的「可使用性」表示特別的作用，無論物理上的或知識上的、實際上的或可能性的，都可以在具體經驗中一個一個地設定清楚。

一旦這個實用主義的主張被接受，基進實徵論也跟著獲得勝利的一分，因為理性主義者所認為的客體與觀念的關係，都不是這種可以描述的關係，而是在所有可能暫時的經驗之外，在這樣的關係上，理性主義習慣於製造自己最終、最頑固的集會。

現在，我在本書中試圖面對的反實用主義者，可以輕易地被理性主義者當作抵抗的武器，不僅僅抵抗實用主義，也抵抗基進實徵論（因為如果真理關係是超驗的，其他的也會是如此），我強烈感覺到明確地面對並把他們清除出去，在策略上是很重要的。我們的批評家最堅持的一點是，雖然實用運作與真理同在，但並不建構真理。他們不斷地告訴我們，真理在數量上增加這些實用運作、先於它們、解釋它們，而不會**被**它們解釋。因此，對我們的敵人所建立的第一點，是在數量上增加或先於實用運作的**某種東西**，涉及某個觀念的真理。由於該**客體**是外加的，而且通常是居先的，大部分的理性主義者主張**它**，大膽地指控我們否認它。這讓旁觀者有個印象，既然我們無法合理地否認該客體的存在，我們對真理的解釋就失敗了，我們的批評者已經把我們趕出場外了。雖然在本書的許多地方，我試圖拒絕這種我們認為不存在的毀謗性指控，為了再強調一次，我在這裡還是要再說明，只要概念堅持客體是真的，當概念完全作用時，客體的存在是概念成功作用的唯一理由，這有數不清的例子；當一個不能作用的概念，是以該客體的存在與否以及那些會成為真理的客體存在來加以解釋時，將「真理」這個詞轉化為客體的存在就像是一種語言的濫用。

我發現這個濫用盛行於我最有成就的對手中。但是一旦建立了適當的語言習慣，讓「真理」這個詞代表某個觀念的屬性，不再讓它是某種神秘地與已知客體連結的東西，我相信通往討論基進實徵論的道路會公正且寬廣地開放。觀念的真理將會只表示其實際運作，或者藉由一般心理學法則，在其中設定了那些實際運作；它將不會代表觀念的客體，或任何在觀念內「跳躍」的任何東西，那些是無法由經驗來描述的。

我再多說一點就會結束這篇前言。在杜威、席勒和我之間有一個區別，在預設客體的存在這一點，我對大眾的偏見做了讓步，而他們拒絕如此。當我自己了解了這些作者時，我們三人，都完全同意承認在真理關係中客體對於主體的超驗性（使它成為可以經驗的客體）。杜威特別堅持到令人厭煩的程度，他認為我們的認知狀態與過程的整體意義，依賴它們對於獨立存在或現實的介入方式。他對知識的解釋不僅僅是荒謬的，而且是無意義的，除非我們的觀念所解釋的獨立存在就在那裡，而且像觀念起作用地那樣進行轉化。但是，因為他和席勒拒絕在**完全超越經驗**的意義上討論客體與關係的「超驗性」，他們的批判者猛烈抨擊他們文章中的一些句子，以顯示他們**在經驗的領域內**否認在宣稱客體存在的觀念之外，有該客體的存在③。這些受過教育且態度誠懇的批評者，竟然不能掌握到其對手的觀點，真是不可思議。

這麼多人被誤導，可能是由於席勒、杜威以及我的論述世界是不同程度的全景展現，其中一個是明確陳述的點，另一個卻只遺留在暗示狀態，讀者因而認為那就是否認。席勒的論述世界是最小的，基本上是心理學的。他以真理陳述為開始，但最後被引導到真理陳述所堅持的獨立客觀事實，因為所有最具成功有效性的，即事實就在那裡的陳述。我的論述世界基本上比較是知識論的。我以兩個東西作為開始，就是客觀事實與陳述，並指出哪一個事實存在的陳述就會成功運作，並成為事實的替代品，其他的陳述則不能成功運作。我把前一種陳述稱為真。就我所了解的，杜威的全景是最為寬廣的，但我還是想對其複雜性提供我自己的解釋。不用說，他像我一樣堅持客體獨立於我們的判斷。如果我這樣說是錯的話，請他務必要更正我，我拒絕經由二手的更正。

在下面的篇章中，我並不假裝我已經考慮了所有對我真理理論的批評，例如Taylor、Lovejoy、Gardiner、Bakewell、Creighton、Hibben、Parodi、Salter、Carus、Lalande、Mentré、McTaggart、G. E. Moore、Ladd以及其他，尤其是Schinz教授，他出版了*Anti-*

Pragmatisme，是一本令人愉快的社會學浪漫文學。對我而言，要去理解其中一些批評所欲反駁的主題，幾乎是非常可悲的、無用的勞動。我想像他們大部分的困難，在本書的某些地方有被回答到，我確定我的讀者們會因為沒有增加更多的重複而感謝我。

麻州劍橋爾文街（Irving St.）九十五號
一九〇九年八月

註釋

①但是我還說：「可證明性（verifiability）與證明（verification）一樣好，因為當完成了一個真理過程，在我們的生活中還有千萬個過程在發生狀態中作用。他們引導我們走向直接的證明，引導我們走向它們展望的客體，並且如果一切都和諧地運作時，我們就非常確定可能我們遺漏了證明，因而被所有發生的事情所調整。」

②同上引，頁 75。

③我非常歡迎 Carveth Read 教授進入實用主義的殿堂，其知識論觀點正符合。參見其有力的著作，*The Metaphysics of Nature*，第二版，附錄 A（London, Black, 1908）。Francis Howe Johnson 的著作 *What is Reality?*

（Boston, 1891）包含了一些預見後來實用主義的觀點，當我修正這些論證時我才有所認識。Irving E. Miller 的著作 *The Psychology of Thinking*（New York, Macmillan Co., 1909）才剛面世，是實用主義在已經出版的書籍中最有力的文獻，雖然它完全沒有用到「實用主義」這個詞。當我在整理參考文獻時，我無法克制插入 H. V. Knox 發表在一九〇九年四月 *Quarterly Review* 中非常敏銳的文章。

THE MEANING OF TRUTH

1

認知的功能①

The Function of Cognition

底下的探究（用霍德森〔Shadworth Hodgson〕②先生的讀者所熟悉的區別）不是探究認知（cognition）「怎麼來」，而是認知「是什麼」的問題。我們所謂認知的行動是透過大腦與大腦發生的事情來加以理解，而不管是否「靈魂」與大腦有動力上的連結。但是本文並不談論大腦或靈魂，我們將只單純地預設認知**是**以某種方式被生產的，並且我們將限於探問它包含哪些元素，意味著哪些因素。

認知是意識的功能。因此，它所意味的第一個因素是一種產生認知的意識狀態。其他地方用「感覺」（feeling）這個詞來普遍地表明意識的所有狀態，這是就主觀層面的看法或是沒有考慮其可能的功能，因此我會說，無論認知的行動暗指什麼元素，它至少暗指某一種**感覺**的存在。〔如果讀者對「感覺」這個詞也有反感，可以用「觀念」（idea）③這個詞來替代，我是以較老的、廣義的洛克主義（Lockian）的意義來用這個詞，或者也可以用「意識狀態」（state of consciousness）這個笨重的片語，最後或者也可以用「思想」（thought）來替代。〕

現在我們可以看到人們的共識，我們普遍同意某些感覺是認知的，某些感覺只是一個主觀、或是具有可以稱為物理上的存在的簡單事實，但是其作為知識的片段，並不意味有認知這種自我超越的功能。在此，我們的任務又一次受到限制。我們並不是要問「自我超越如何可能？」我們只是要問「常識為何會判定一些感覺不僅是可能的，而且真的具有自我超越性質？常識根據什麼標準區別那些感覺？」簡而言之，我們的探究是描述心理學（descriptive psychology）的一個章節，幾乎不會有更多的了。

孔迪亞克（Condillac）④以他著名的塑像假設從事類似的探究，該假設認為有各種不同的感覺被連續地灌輸到塑像中，第一個感覺應該是一種香氣。但是為了避免所有可能與起源的問題混雜一起，我們不要說塑像擁有我們所想像的感覺。讓我們假設感覺既不依附在物質上，也不定位於任何空間點，而是如同以往，由一位神祇直接、創造的**命令**，在**真空中**（*in vacuo*）搖蕩。並且也讓我們脫離其「客體」在本質上是屬於物理或心靈的這種問題糾纏，不要稱呼它香氣的感覺或任何其他確定性的類型，我們只把它預設為q的感覺。這個抽象的名字所表現的真實性，並不比讀者想到的任何特定型態（例如香氣、痛苦、堅硬）還要少。

現在，如果這個q的感覺是神唯一的創造，它當然就構成整個宇宙。並且，如果可以逃離那一大批相信永遠的感覺與無感覺（*semper idem sentire ac non sentire*）是一樣的人⑤的吹毛求疵，我們允許感覺持續的時間像他們喜歡的那麼短，那麼世界只需要持續一個無限短的時間，我們所探討的感覺就變得十分短促，而所有在認知功能的途徑中降臨在它身上的，必定在其快速熄滅的生命中、在極短的時間內發生，我們也會注意到，在那短暫生命的前面與後面，並沒有發生其他意識的機會。

好吧，現在我們那被孤單遺留在宇宙中的微小感覺（因為神以及我們心理學批評家可能都認為可以排除在外）有任何種類的認知功能嗎？要說它**認識**，就一定要有某些被認識的事物。現在按照這個假定，有什麼被認識的事物呢？有的人可能會回答說：「感覺的內容 q。」但是，難道稱呼它為感覺的**性質**而非感覺的內容不更適當嗎？難道用「內容」這詞不代表感覺已經把自己分裂出來，把內容當作客體自身當作行動嗎？難道這麼快就預設感覺的特性 q 等於特性 q 的感覺是安全的嗎？到目前為止，特性 q 可以說是感覺由內而生的，或是儲存在其內的一個完全主觀的事實，如果任何人想要冠以知識之名，來讓這個簡單的事實具有高貴價值，當然沒有什麼可以阻擋得了。但是，讓我們延用一般的用法，把知識這個名字保留給對「現實」（reality）的認知，透過對獨立於感覺而存在的現實事物的認知來獲得意義。如果感覺的內容並不發生在外在於感覺自身的世界中，而且與感覺一起消逝的話，一般的用法會拒絕將它視為現實，且將之視為一個感覺構造的主觀特徵，或最多視之為感覺的**夢幻**。

如果感覺要在特定的意義上具有認知作用，那麼它必須是自我超越的；且我們必須說服神要**創造一個外在於它的現實**，以對應於其內在的特性q，只有這樣才能避免成為唯我論者。現在如果這個新創造的現實**類似於**感覺的特性q，我認為這個感覺會被我們當作**已經認知該現實了**。

我的論點的第一個部分，肯定會受到攻擊。但是在進行辯護之前，我還要再說一點。「現實」已經變成我們認為感覺有認知作用的確保；但是當我們認為某事物是現實時，什麼是我們的確保？唯一的回答是：當前的批評者或探究者的信仰。在他生命的每一個時刻，他都會發現自己相信**某些**事實，即使今年的事實明年被證明為幻想也是如此。無論何時，當他發現所探究的感覺被他自己視為現實時，他當然必須承認該感覺本身真正是有認知作用的。在這裡，我們自己就是批評者；透過同意以這種相對且暫時性的方式看待現實時，我們會發現我們的重擔減輕了。每一種科學都必須有一些預設。認識論者（*Erkenntnisstheoretiker*）不過是容易犯錯的凡人。當他們研究認知功能時，藉由自己相同的功能來進行。而泉水並不能走得比源頭高，我們應該迅速地承認我們在這個領域的結果，被我們自己的容易犯錯所影響。**我們**

最能夠宣稱的，是我們所談論的認知，被認為真實的程度，可能和我們所說的其他事物一樣。如果我們的聽眾同意我們對「現實」的觀點，他們或許也會同意我們認為現實如何被認識的觀點。我們只能要求這樣。

我們接下來使用的術語將會遵循這些論點的精神。任何感覺，只要我們自己認為其性質或內容將既不存在其外或其內的，我們將否定它具有認知功能。如果我們喜歡的話，可能會把這種感覺稱為夢幻；稍後我們將會看到我們要稱它為虛構或錯誤。

現在回到我們的主題。某些人會立刻大叫：「一個現實怎麼**能夠**與一個感覺相類似？」在這裡我們會發現，用一個代數字母q來稱呼感覺的性質是明智的。我們把內在狀態與外在現實相似的整個困難都置於一旁，讓任何人都可以自由地假定任何他思考的東西的現實**可以**與某個感覺相似——如果不是一個外在的東西，那麼就跟第一個感覺一樣的另一個感覺也可以——例如批評者所想的純粹感覺q。避開了這個反對，我們就面對另一個迫切的反對。

如果「思想」表示關係的知識，問題來自那些主張思想是所有心智生活的唯一哲學家；那些僅擁有感覺意識的人並不比沒有擁有意識的人來得好，有時候由他們的話聽來，反而是更糟糕的。例如，在當今宣稱跟隨康德與黑格爾腳步，而非傳統英國思想的人會有這樣的說法：「遠離所有其他知覺的知覺，『摒棄於我們所謂的心智之外』，遠離所有的關係，沒有任何特性——就是空無。我們不能思考它正如我們看不見空無一樣。」「在其自身內完全是飛逝的、暫時的、無法名之的（因為當我們一命名，它已經變成其他東西了），而且為了同樣理由是不可知的，是可知性的否定。」「由所有以關係建構起來的、我們認為是真實的性質排除出去後，我們發現什麼都沒有被留下。」

這類由格林教授（Professor Green）⑥的著作中節錄出來的文字不勝枚舉，它們所教導的學說是這麼明顯地荒謬。我們預設的小小的感覺，無論它是什麼，由認知的觀點來看，無論是一點點的知識還是一個夢，當然都不是心理上的零。它是一個最明確、清楚有內容的內在事實，有其自身的面貌。當然，有很多心理事實**不**是它所有的。如果 q 是一個現實，它以最小量的知識認識 q，既不註明日期也不安頓在某處，既不把它分類也不為它命名。它也不認識自己是一種感覺，也不拿自己與其他感覺比較，也不估計自己持續的時間或強度。簡單地說，如果沒有比這個情況更多的話，它是最為沉默、無助且無用的東西。

但是如果我們必須以這麼多的否定來描述它，而它並無法說明**關於**自己或**關於**其他東西的話，我們有什麼權利來否認它是一個心理上的零呢？何以「關係主義者」終究不是對的呢？

這個外表單純的詞「關於」，擁有這個謎題的解答；而且當坦白地審視時，這是一個再簡單不過的答案。底下我們從一本很少被引用的書中找出一段話，即格羅特（John Grote）⑦的 *Exploratio Philosophica*（London, 1865）其中的第60頁，這段話對我們的答案是最好的介紹。

格羅特寫道：「我們可以用兩種方式之一來思考我們的知識，或者用其他的說法，我們可以用知識『客體』的雙重方式來敘述。意即，我們可以這樣使用語言：我們**知道**一個事物、一個人等等；或者是：我們知道**關於**一個事物、一個人的種種事情。一般的語言隨著其真實的邏輯本能，都區別了這兩種知識觀念的應用，一種是*γνῶναι*、*noscere*、*kennen*、*connaître*（認識），另一種是*εἰδέναι*、*scire*、*wissen*、*savoir*（理解）。在一開始的時候，前者大概比較接近我所謂現象的（phenomenal）——這是一種**熟識**或通曉已經被知道的事物的知識觀念；這種觀念也許比較接近於現象上的身體溝通，跟另一種概念比起來比較不純粹是智識上的；這種知識的掌握是藉由將事物呈現於感官、或是在圖畫或類型中呈現，一種 *Vorstellung*（觀念／表象）。另一種知識觀念正是我們在判斷中或命題中所表達的那樣，體現於 *Begriffe*（概念），或是沒有任何必要的想像表徵的概念中。然而，只要我們不在同樣的命題或推論的片段中含混地表達，沒有理由我們不能用兩者中任何一種方式來表達我們的知識。」

現在如果我們預設對q的感覺，僅僅是一種熟識的知識的話（如果根本上算是知識的話），想要從中獲得**關於**（about）太陽底下的所有事物的陳述，甚至包括它自己，顯然就如同古人所說的，是由公羊身上搾取乳汁。而在失敗後，就責怪這個預設是心理上的空無是不公平的，就好像我們突擊公山羊失利後，就宣稱整個羊群不生產乳汁一樣。但是整個黑格爾學派要把單純的感覺（sensation）排除於哲學認識之外，正是奠基於這個錯誤的論點之上。認為感覺總是「不能說話的」、不能有任何「陳述」⑧，總是使與感覺相關的觀念成為無意義，認為認識論者把感覺視為不存在是有道理的。以作為其他心智狀態的符號的意義來說，「有所指」（significance）被認為是我們擁有的心智狀態的唯一功能；而且認為我們微小的原始感覺不具所指，由這個看法來看，認為它是無意義的是簡單的第一步，接著就會稱它是無謂的，然後是空洞的，最後認為它是荒謬的、不能承認的。但是在這個普遍進行的清算中，這個直接進入歸納性知識（knowledge-*about*）的熟識持續的滑落、滑落、滑落，直到最後沒有任何東西是知識被期待可以獲得的，所有的「有所指」不就脫離這個情況嗎？並且當我們關於事物的知識達到從來沒有過的複雜完美時，難道不需要伴隨著、且無法逃避地混合著，某種對這個知識所關於的**什麼**（what）事物的熟識嗎？

現在，我們預設的微小感覺提供了一個**什麼**；而且如果其他感覺在記得第一個感覺的情況下接替下去，其**什麼**可以作為歸納性知識、某種判斷之片段的主體或斷言，在它與其他感覺可能知道的**什麼**之間知覺到關連。一直沉默的q因而得到一個名字，而且不再無言。但是，如同邏輯學者都知道的，每一個名字都有其「外延意義」（denotation）；而且外延意義總是代表某種現實或內容，這種現實或內容在外部（*ab extra*）毫無關連，或者其內部具有未被分析的關係，就好像q被認為是我們的原始感覺所認識的那樣。除了在對這種「事實」有初始熟悉的基礎上以外，沒有任何關係表達的命題是可能的。假定q是香氣、牙痛或是更複雜的感覺，例如在藍色深淵中游泳的滿月，首先必須由那簡單的形狀開始，在任何歸納性知識產生之前，由最初的注意迅速掌握。**關於**（about）它的知識就是**它**再加上一個外加的脈絡。如果去除**它**，那外加上去的就不能夠是其**共同的**文本（*con-text*）。⑨

那麼，不要再討論這項異議，我們來把論題擴大：如果世界中有個在感覺q以外的q，這個字母必然熟悉一個外設於它的實體；此外，這種熟悉本身僅僅是熟悉，很難想像能夠進步或增加，而且會強迫我們（只要我們不把熟悉稱為知識）不僅說這個感覺是認知的，而且是感覺的所有特性，**只要在其之外有任何它們相似之物**，是對存在性質**的**感覺，是對外在事實的知覺。

這裡對於最初感覺的認知功能所要澄清的重點，就是發現q在其本身之外也真的存在。一旦沒有這個發現，我們不太能夠確定該感覺是有認知功能的；而且一旦在外部並沒有任何東西可以發現，我們就應當把該感覺稱為夢幻。但是感覺本身無法進行發現，它自己的q只是它掌握到的q，其自身的性質並不是由其擁有認知來進行增加或減少的自我超越功能而有改變。這功能是偶然的；是綜合的、非分析的；屬於其存在（being）的外在而非內在中⑩。

感覺的發生就好像一場狩獵。如果什麼也感覺不到或被射到，他們只是**無的**放矢（*ins blaue hinien*）。然而，如果在其對面出現某種東西，他們不再只是單純地射擊或感覺，他們命中且認識。

但這一點引起更大的反對。批評者旁觀我們看見一個真實的q與q的感覺，而因為這兩者類似，我們說其中一個認識另一個。但是何以我們必須說我們知道q的感覺表示代表或再現相同的另一個q？假定田野裡有許多真實的q，如果有人開了槍且命中，我們可以輕易地看出哪一個被打中。但是我們如何區辨哪一個是感覺所認識的呢？它認識它所代表的，但是究竟是哪一個呢？它宣稱在這方面它沒有興趣知道。它僅僅相似，不置可否地相似全部，而且相似完全不表示需要代表或再現。每一個雞蛋都相似，但不表示彼此要再現、代表或認識。如果你說這是因為它們並非**感覺**，那麼想像這個世界除了牙痛之外別無它物，這是感覺，每一個感覺彼此相似——是否它們互相更加認識嗎？

q這個例子具有單純的特性，就像牙痛一樣，與一個具體的個別事物非常不同。實際上，我們不會測試一個單純的感覺是否代表其特質，它除了相似該特質之外不能多**做**什麼，因為一個抽象的特質是一個不能在它身上做什麼的東西。沒有脈絡或環境或個體原則（*principium individuationis*）、沒有存在的個體性（hæcceity）的本質、一個柏拉圖式的觀念，甚至是該特質的複本（如果可能的話），將是無法識別的，而且無論該感覺代表這個版本或是那個、或無論它只是相似該特性而完全沒有代表任何意義，都無法給定任何符號、無法改變任何結果。

如果我們賦予特性q一個真實的多元版本，讓每一個版本都有一個**脈絡**，使之得以互相區別，我們就能夠進一步把相似原則也擴展到脈絡中，來解釋該感覺認識哪一個版本，並說明該感覺認識特定的q，其脈絡是它最為複製的。但是這裡又一次帶來一個理論上的質疑：複製與符合是知識嗎？獵槍用**破壞**顯示哪一個q是它所指向並射擊的。在感覺用一些粗暴證據來告訴我們哪一個q是它所指向並認識之前，我們為何不能自由地否認它既不指向又不認識任何真實的q，並肯定「相似」這個詞已經詳盡地描述它與現實的關係了呢？

事實上，每一個感覺都告訴我們哪一個q是它所指向的，就跟獵槍一樣明顯；並且實際上在具體的例子中，以我們迄今尚未考慮的要素來決定這件事。讓我們先跳過抽象的部分來看可能的實例，並問問我們那樂於助人的及時解圍者（*deus ex machina*）⑪為我們擘畫一個更豐富的世界。例如，讓他送我一個某人死亡的夢，並且也讓他同時使這個人死亡。我們的實際本能如何能即時決定這是否是對真實的認知的例子，還是只是一種神奇的、現實與夢相似巧合呢？這種令人困惑的例子正是「心靈研究協會」（society for psychical research）忙碌收集且嘗試用最理性的方式來進行解釋的資料。

如果我的夢是我一生中唯一有過的夢，如果夢中死亡的背景在很多細節上與現實死亡的背景不同，而且如果我的夢並不導致我對該死亡有任何行動，那我應該毫無疑問地稱它為一個奇怪的巧合，除此之外沒有其他的說法。但是如果夢中的死亡有一個漫長的背景，與現實死亡的每一個特徵都相符，如果我經常做這種夢，全部都完美地符合，而且如果在我醒來的時候有立刻**行動**的習慣，宛如它們是真實的，也讓我那較慢獲得指示的旁人們「開始」這樣的事時，我們極可能會承認我有某種預知的能力，我的夢以一種神秘的方式意指它們提到的現實，而「巧合」這個詞就不能夠充分說明這件事，並且如果在我的夢中，我有能力**干預**現實的進行，且根據我的夢我能使事件有不同的發展，任何人的懷疑就都會消失。那麼至少我們可以確定，那些醒著的批評者與我那作夢的自我，都在處理**相同**的事情。

人們始終如一用這種方式解決這類的問題。**夢的實際結果掉入**現實世界中，兩個世界相似的**程度**是他們本能上使用的指標⑫。所有的感覺都是為了行動，所有的感覺導致行動——這裡沒有必要爭論這些真理。但是藉著自然非凡的性格，雖然我們所構想的可能一直不同，**我的感覺也作用於我的批評者的世界中的現實上**。除非我的批評者可以證明我的感覺並不「指向」那些它作用的現實，否則他如何能繼續懷疑他和我一樣認識一個相同的真實世界呢？如果這作用是在一個世界中發生，**那**就是感覺所感知到的世界。如果你的感覺在我的世界中沒有任何成果，我認為它根本就脫離了我的世界；我稱它為唯我論（solipsism），而它的世界是夢的世界。如果你的牙痛並不促使你進行和我的牙痛所產生的相同**行動**，也不是宛如我有一個不一樣的存在；如果你並不對我說：「現在我知道你所受的苦！」也不告訴我治療方法，雖然你的牙痛和我很像，我會否認你的感覺真的認識我的感覺。它沒有提供任何認識的**記號**，這種記號對於我的認可完全是必要的。

在我認為你確實指向我的世界之前，你必須影響我的世界；在我認為你確實要表達那樣多之前，你必須先影響那樣多；並且在我確認你所表示的內容**如同我**所表示的之前，你必須**如同我在你的位置上應該**表示的那樣影響它。那麼我，你的批評者，會樂意相信我們思考的不僅僅是相同的現實，也進行**相似**的思考，同樣思考相當多的內容。

在（on）我們的世界上缺乏我們鄰人的感覺的實際效果，我們就不能懷疑我們鄰人感覺的存在，且當然不會發現自己在這篇文章中扮演批評者的角色。自然的組成是非常特別的。在我們每一個人的世界中，有某種客體被稱為人體，會四處移動且對其他所有客體有所行動，他們行動的原因大致上是我們的行動的原因，他們的身體跟我們的身體一樣。他們使用語言與姿態，如果那是我們使用的，在這些語言與姿態的背後是有思想的——**根本**（*überhaupt*）不只是一般的思想，而是確實具體的思想。我想你們有一般的火這個概念，因為我看見你們在我的房間內對火所做的行動和我的一樣：用火鉗撥弄它、以自己的身體靠近它等等。這讓我相信如果你有感覺到「火」，**這**就是你感覺到的火。事實上，當我們把自己變成心理學上的批評者，並不是藉由發現哪一個現實是感覺「相似物」，才知道感覺意指哪一個現實，而是首先察覺到它意指哪一個，之後假定那就是它相似的那一個。我們彼此看到對方望著同樣的物體，指向它們且用各種不同的方式轉動它們，因而我們希望且信任我們所有的感覺都與現實以及彼此的感覺相似。但是，這個情況在理論上我們並不確定。如果有一個暴徒攻擊我的身體，而我花很多時間進行精細的思考，是否在他眼中我的身體跟我實際上的身體是相似的，或是否他真正**想要**侮辱的身體並非在他眼中的身體，完全不是我的身體，這實際上是一個疑躁症（*grübelsucht*, doubting mania）的例子。實際的觀點會將這種形上學蜘蛛網刷走。如果在他心裡的並非**我的**身體，為何我們要稱它為身體？他的心智只是我根據發生的事而推論的一個名詞，我們由其存在追溯所發生的事物。如果該名詞與我進行推論的身體分離出去，而且與其他完全不是我的身體連結一起，這個推論就不能成立。無論這形上學的謎團是什麼，我們兩個心智，暴徒的與我的，能夠**意指**相同的身體。那些看見彼此身體的人，分享相同的空間，行走在同樣的土地上，濺起相同的水，產生相同的回聲，並且追求相同的遊戲，由相同的餐盤中進食，絕對不會相信在許多唯我論的世界中有一個多元主義。

然而，如果某一個人的心智行動，看起來在其他人的世界中沒有效果，這情況就不同了。這是在詩與小說中所發生的情況。例如大家都知道艾蒙豪（*Ivanhoe*）⑬，但是一旦我們一直單純執著於故事本身，而不顧慮其被生產的事實，很少人不會承認說，有多少人知道這個故事，就有多少個不同的艾蒙豪。⑭事實上，所有這些艾蒙豪彼此**相似**，但這並不支持相反的論點。但是如果有一個人在他的版本中進行修改，會在其他的版本中產生迴響，開始有改變，我們就能很快地同意所有的這些思想家都在思考同樣的艾蒙豪，而且不管是不是小說，他已經在他們身上形成一個小小世界。

討論到這裡，我們可以再一次精進我們的論題。我們仍然用q來稱呼現實，並讓批評者的感覺作證，我們可以說任何其他感覺，同時與q相似並提供指涉的都認識q，由其直接修正q或修正其他的現實，如p或r（批評者知道與q是連續的），來顯示其相似與指涉。簡而言之：**感覺q知道它相似的現實是什麼，無論是直接或非直接的操作**。如果它相似而沒有操作，那就是個夢；如果它操作而不相似，那就是個錯誤。⑮

恐怕讀者會認為這個公式很清楚而不太有價值，不值得這麼長篇累牘地陳述，尤其當他認為其唯一的應用是由知覺得到的**印象**（percepts），而且整個象徵或概念性思考的領域好像都不適用。當現實是個物質或行動，或者是批評者的意識狀態時，當我一注意到它時，我可以在我的心智裡反映它並操作它——後者當然是非直接的。但是有很多種認知既不反映也不操作它們的現實。

在整個象徵思想的領域中，我們對特定的現實有所企圖、談論以及下結論——簡而言之就是認識，而不在我們的主觀意識中有任何心智材料與這些現實相似，即使距離相當遙遠也一樣。我們藉由語言認識它們，而語言只用聲音喚醒我們的意識；我們對這些現實的一些遙遠背景脈絡只用最模糊、最片段的一瞥，不用直接的想像，就知道是**哪些**現實。這裡我想用第一人稱來說明。我確定我自己當下的思考有**話語**（words），來表達其幾乎完全主觀的素材，話語透過指涉某些現實讓人有所理解，超越直接意識的範圍，並且我只察覺到好像一個**比較**存在於某個方向的終點站，話語可能引導到那裡，但還沒有進行。話語的**主題或題目**通常是我在心理上向後投的某些東西，就好像我把拇指越過肩膀指向某物，只要我確定目標就在那裡，我不需要轉頭查看。話語的**結局或結論**好像是我把頭向前傾斜趨向的目標，好像認可它的存在，雖然我眼中所抓住的也許只是一個與它連結的印象的碎片，然而那些碎片如果只是賦予熟悉感與現實，會讓我感覺到它所屬的整體是理性且真實的，符合讓它通過的條件。

那麼這裡有較廣義的認知意識，它所認識的東西，在狹義上幾乎不相似。因此，我們在本文中所訂下的公式必須讓它更完整，我們可以這樣表示：**由知覺而來的認知，對於它直接或非直接操作的現實，認識且相似它；當一個概念上的感覺或思想，只是實際上或可能終止於進行運作的知覺認知（percept）上，它可以認識[16]現實，或相**

似該現實，或是因而與之或其脈絡相連結。由知覺而來的認知（percept）可以是感覺或是充滿感覺的觀念；當我說思想必須**終止**在這種認知中時，我的意思是說它最終必須隨後有引導的能力：如果這終端的感覺是一種感官的感覺，那就要透過實際經驗的方式；如果只是一種心裡的印象，就必須透過邏輯或習慣上的聯想。

讓我舉個例子好說明得更清楚。我打開我拿起的第一本書，閱讀第一段進入我眼簾的句子：「牛頓看見上帝在天堂的精巧之作，就好像培里（Paley）⑰在動物王國裡所見的傑作那樣清楚。」我立刻回頭再看一次，試圖分析我在閱讀這段話時迅速理解的主觀狀態。一開始明確地感覺到這個句子是可以理解的、合理的而且與現實世界相關，同時也覺得在「牛頓」、「培里」以及「上帝」之間有種一致、和諧的感覺。對「天堂」、「精巧之作」以及「上帝」這些詞我沒有明顯的影像與之連結；它們僅僅是詞語而已。對於「動物王國」我僅僅很模糊地意識到（這可能是許多階段的一個印象）劍橋城鎮中的動物博物館，我是在劍橋進行寫作的。對於「培里」我同樣很模糊地意識到一本小小的、深色皮革封面的書；對於「牛頓」我非常明確地有一個鬈曲假髮右邊低角落的影像。這是我發現到的對於這句子意義的最初意識內容，而我擔心我是否在真誠地閱讀這本書的情況下來面對這個句子，且沒有提出所有的意識內容來進行實驗。然而我的意識是真的很有認知作用的。這段話是「關於現實」，這是我的心理批評者（我們可不能忘記他）所承認的，他甚至承認我明確地感覺到他們**是**現實，而且我認可我所閱讀到的正確性，在我的部分是真正的知識。

有什麼可以證明我的批評者這麼寬大是對的？我這異常不充分的意識，充滿與現實不相似的象徵，也不影響他們所代表的現實——他如何確定這正是他自己所認知的現實呢？

他當然確定，因為在數不清的類似例子中，他看過這種不充分、象徵的思想，藉著發展自身，終止於可以在實際上進行修正並可能與他的知覺相似的知覺中。藉著「發展」自身，意義是服從它們的傾向，跟隨著剛剛開始出現在它們之內的徵象，朝向它們所指的方向去勞動，清除曖昧不明的部分，讓光環明晰，解開也是屬於它們一部分的邊緣障礙，並且有意識地存在於其主觀內容更為實質的核心中。因此我可以朝「培里」的方向發展我的思想，去拿那本棕色皮面的書，翻到有關動物王國的那幾頁，讓我的批評者看。我可以讓他知道這些文字對我的意義和對他的意義是一樣的，具體地讓他看書中所討論的每一個動物的設計。我也可以拿牛頓的作品與肖像；或是如果我跟隨假髮這個徵象，我可能會讓我的批評者窒息在十七世紀、從屬於牛頓環境中的東西，表現出「牛頓」這個詞在我們兩人的心智中都有同樣的**場所**（locus）與關係。最後我可以用行動與語言，說服他我所謂的上帝、天堂以及精巧之作這個類比，和他的認識是一樣的。

我最後的手段是憑靠他的**感官**（senses）。我的思想讓我在他的感官上行動，就好像他在自己感官上行動一樣，追求他自己知覺的結果。實際上，**我的**思想終止於**他的**現實中。因此，他願意假設我的思想是現實之一，且在他心裡他自己的思想與我同樣的象徵類型**相似**。能夠說服他的中心點、支點以及支座，就是穩固的思想引導我的感官操作（或是可能引導我）產生效果——在他眼前拿起培里的書、牛頓的肖像等等。

在最後的分析中，我們相信我們都知道、思考以及談論關於相同的世界，因為**我們相信我們擁有同樣的感官知覺**（*PERCEPTS*）。而且我們相信這一點，是因為每個人的感官知覺在其他人的感官知覺變化後也會跟著改變。對你而言我是什麼，首先是你自己的知覺，但是你沒有預期到我打開一本書給你看，發出一些聲音，這些行動也是你的知覺，但是它們這麼相似你的行動，帶著引起這些行動的感覺，你無法懷疑我也有同樣的感覺，或者說，這本書在我們倆的世界中都被感覺到，以同樣的方式感覺到，我對它的感覺與你的相似，但這是某種我們永遠無法確定的事情，而是我們用最簡單的假設來符合情況。事實上，我們對這件事從來不**是**肯定的，而且作為認識論學者（*erkenntnisstheoretiker*），我們只能說，感覺**不**應該彼此相似，也不能在同樣的時間、以同樣的方式認識同樣的事物。⑱如果每一個感覺本身握有的知覺像現實一樣，那其他的知覺也一樣，雖然它可能對現實有所打算，利用改變現實來證明這一點，但是如果它與現實並不相似，它整個就都是假的、錯誤的。⑲

如果對知覺來說是這樣，更高等的思想模式更是如此！甚至在感官的感覺範圍裡，個體的差異很可能很大，對最簡單的概念元素進行比較研究，差異似乎更大。當進到一般性的理論和對生命的情緒態度時，我們確實可以用薩克萊（Thackeray）⑳的話說：「我的朋友，在你的帽子和我的帽子底下，是兩個不同的世界。」

什麼可以讓我們免於在互相排除的唯我論混亂中支離破碎呢？我們的心智可以透過什麼進行溝通呢？沒有別的，只能透過我們的知覺感受的彼此相似，有力量彼此改變，**那些僅僅是沉默的、熟習性知識**（knowledge-of-acquaintance），也必然要和現實相似，或者完全不認識正確的現實。在這種熟習性知識中，我們所有的歸納性知識（knowledge-about）必須停止，知道這種可能的結束是其內容的一部分。這些知覺、這些**終點站**（*termini*）、這些可感受的事物、這些單純的熟習性知識，是唯一我們可以直接認識的現實，我們思想的整體歷史是某個東西替代某個東西的歷史，而且把替代品化約到概念符號的地位。也許某些思想家會譴責它們，這些感覺是孕育萬物的大地、航行的停泊處、最先的也是最後的界線、心智的**出發點**（*terminus a quo*）與**目的地**（*terminus ad quem*）。找到這些感官的**終點站**，應當是我們較高等思想的目標。它們終止討論；它們破壞知識的虛假自負；沒有它們，我們對其他人的意義感到茫然。如果兩個人在一個知覺上的表現相似，他們相信他們的感覺是相似的；若非如此，他們會懷疑是否他們所知的是不一樣的。我們永遠無法確定我們互相了解，除非我們可以把事情拿去試驗。[21]這就是為何形上學的討論好像在與空氣打架一般；它們沒有感官感覺這一類的實際議題。另一方面，「科學的」理論總是停止在明確的知覺上。你可以由你的理論推論可能的感覺，把我帶進實驗室，在當時當地提供我感覺，以證明你的理論對我的世界是真實的。概念推理飛躍真理的上空是美麗的。難怪哲學家被它迷惑，難怪他們以輕視的眼光望著低下的感覺之地，那是女神讓自己起飛的地方。但是如果她沒有回到她熟悉的家，那是多麼悲哀；**無法踏實的腳掌**

無法固定在任何地方（*Nirgends haften dann die unsicheren Sohlen*）：每一陣狂風都會帶著她，宛如夜間的熱氣球，她會消逝在星星之間。

〔**附註**〕

讀者很快就會看到，在《實用主義》一書中所發展的對真理功能的解釋，在本篇中已經呈現出來，隨後會有更多的定義。在這篇較早的文章中，我們發現幾個明確的主張：

1.現實，外在於真實的觀念；

2.批評者、讀者或是認識論者，有其自己的信念，宛如對現實存在的保證；

3.可經驗的環境，作為連結知者與被知者的交通工具或媒介，產生認知上的**關係**；

4.**指向**（pointing）現實這個概念，透過這個媒介，是所謂認識（know）的一個條件；

5.**相似**（resembling）它，且最終**影響**（affecting）它，就是確定指向**它**而不是其他東西；

6.去除「認識論的鴻溝」，使整個真理關係掉入具體經驗的連續性中，由特定的過程構成，隨著每一個客體與主體而產生變化，容易詳細描述。

這個較早期的解釋有一些缺點：

1.雖然相似對於認識是基本的功能，但可能過分強調其重要性，這經常被排除掉；

2.過分強調對客體本身的操作，雖然在很多例子上可以決定我們所指涉的是什麼，但是這種操作常常是缺乏的，或是被操作在其他與該客體相關的事物上所取代。

3.不夠完美地發展感覺或觀念的**可作用性**（workability）這個一般性概念，把它等同於對特定現實**令人滿意的適應**（satisfactory adaptation），這建構了該觀念的真理。這個比較一般化的概念包含了像指向、操作、相適應或相似等專有名詞，區別了杜威、席勒和我所發展的觀點的差異。

4.在第39頁（原文）把感官知覺當成現實的唯一領域，我現在把概念也當成一個配套領域。

下一篇文章表現作者對這個題目有比較寬廣的掌握。

註釋

①一八八四月年十二月一日於亞里斯多德學會（Aristotelian Society）宣讀，並在《心靈》（*Mind*），第五冊（1885）首次刊出。本篇以及之後的文章所作的修改很少，大部分都是刪除贅字。

②譯註：Shadworth Hodgson（1832-1912），英國哲學家，亞里斯多德學會的創始人，自認是康德的追隨者，但詹姆斯認為他是實用主義的先驅。

③譯註：在學術領域中，尤其是哲學，習慣把 idea 翻譯成「觀念」，詹姆斯在說明實用主義時經常利用一些思考的平常例子，翻譯成「想法」有時候比較貼切，但是一方面為了符合學術習慣，另一方面也為了保持詹姆斯使用這個詞的一貫性，本書一律以觀念來代表idea，讀者在閱讀時請不要以為詹姆斯所謂的「觀

念」含有意識形態的涵義。

④譯註：Etienne Bonnot de Condillac（1715-1780），法國哲學家。按照法國學者尚．賽爾維爾對「意識型態」（Idéologie）一詞之介紹，「意識型態」起源於孔迪亞所著的《感覺論》（*Traitédes sensations*）；他認為人類全部的知識均是轉換過的感覺，並且排除其他獲取知識的原則（方法），質言之，他嘗試摒棄形上學，將人文科學建立在人類學的基礎上。

⑤由過去的觀察來看，主張這種觀點的「知識相對論」（The Relativity of Knowledge）是最怪異的哲學迷信之一。其偏好引用的實例都是神經組織的特性，而神經組織會被拖長的刺激耗竭。然而，已有相當多的例子告訴我們，持續數日發生神經痛的病人讓我們確定了這個神經定律的限制。但是如果我們生理的一個持續不變的感覺，有什麼邏輯上的或心理學上的論述，可以用來證明該感覺在持續的情況下將不被感受到，而且只感覺其一般狀態呢？這個相反偏見的原因，看起來就是我們不願意認為像感覺這種愚笨的東西是必要、應該要讓其出現具有永恆性。一個無止盡的熟識不會帶來相關的知識，就是這種情況。

⑥譯註：雖然詹姆斯並沒有註明，譯者推測應是指Thomas Hill Green（1836-1882），英國觀念主義哲學家。

⑦譯註：John Grote（1813-1866），英國哲學家，一八五五—六六年任劍橋大學倫理哲學主任。

⑧例如參見格林（Green）對休謨（Hume）*Treatise of Human Nature* 的介紹，頁36。

⑨如果A走進來而B說：「你在樓梯間有沒有看見我的兄弟？」A可能回答說：「我有看到，但是我不知道他是你的兄弟。」對兄弟關係的無知並不會廢除看見的能力。但是那些認為由於最初的事實與我們變得熟悉的事情沒有產生關連的人，不認為那些事實被我們所「知道」，他們應該一貫地說如果A沒有察覺在樓梯間的人與B的關係，他完全不可能注意到那個人。

⑩把這麼重要的功能稱為偶然的好像很奇怪，但是我不知道有什麼可以改善的方式。就好像如果我們由現實開始，疑問它如何被認識，我們只能以依據一個用其比較私密的方式來重建自身的感覺予以回答；所以，如果我們由感覺開始，疑問它如何被認識，我們只能以依據一個用其比較公開的方式來重建自身的現實予以回答。然而，在這兩種情況中，我們所開始的資料仍然維持它原來的樣子。一個人很容易迷失在關於「感覺的特質」與「特質的感覺」這兩種差異、以及接受與重建現實知識這兩種差異的語言奧秘中，但是最終我們必須承認真正認知的概念牽涉到一種知者與被知者間無媒介的（unmediated）的二元性。參見 Bowne 的 *Metaphysics*，紐約，一八八二年，頁 403-412，以及 Lotaz 等人的 *Logic*，第 308 號。〔「無媒介的」是一個不當的詞。——1909。〕

⑪譯註：英語中稱呼在關鍵時刻出來解圍者為 deus ex machina，源自希臘或羅馬戲劇中的解圍之神，在戲劇演出中總是被舞台機器送到台上，專門消除劇情衝突或使主角擺脫困境。中譯有人譯為「機器大帝」或「機器之神」，應是譯自英文 Ghost in the machine，和萊爾（G. Ryle）在其名著 *The Concept of Mind* 所談的概念有關。

⑫徹底的反對者確實仍然會回到原來的指控，即使夢是完全反映真實世界的鏡子，且所有夢到的行動在世界中被複製，他們仍然堅持這僅僅是一種和諧關係，而且從來就不清楚是否夢中的世界指向另一個被幾乎完全複製的世界。這個反對意見深入至形上學。我並不懷疑其重要性，為了公平起見，我一定要說對於我的同事羅伊斯博士（Dr. Josiah Royce）的教誨而言，我既不夠掌握其完全的力量，也不夠讓我的實際的、心理學上的觀點那麼清楚。在這裡我比較願意堅守這個觀點；但是我希望羅伊斯博士對於認知功能比較根本的批判，可以很快地改宗。〔這裡我所參考的是羅伊斯即將出版的 Religious aspect of philosophy，這本有

力的書主張指涉（referring）這個概念牽涉到一種含括性的心智，同時擁有真實的q與心理上的q，而當使用這個符號時通常是代表前者。當時我無法拒絕這個超驗主義者的主張。之後，我大量受到米勒教授（Professor D. S. Miller）的影響（參見其論文 The meaning of truth and error，載於 *Philosophical Review*，一八九三年，第二冊，頁 403），理解到任何明確、可經驗的方式或過程，都可以和絕對心智的意向一樣，作為一種中介的角色。」

⑬譯註：小說男主角名，中譯本名稱為《劫後英雄傳》，Sir Walter Scott 著。

⑭也就是說，根本沒有真正的「艾蒙豪」，在 Sir Walter Scott 寫這個故事時，他的心裡也沒有真正的艾蒙豪，而是眾多艾蒙豪唯我主義（Ivanhoe-solipsisms）中的第一個。事實上我們可以讓他是真正的艾蒙豪，然後根據其他艾蒙豪相似或不相似，說其他的艾蒙豪懂得或不懂得真正的艾蒙豪。這是把 Sir Walter Scott 當成真正艾蒙豪的作者，製造出一個複雜的客體。但是這個客體並非純粹是一個故事，它與所有讀者共同經驗的世界有一個動力的關連，Sir Walter Scott 的艾蒙豪使自己被印在我們可以掌握的書冊中，使我們可以看看哪一個版本是真正的艾蒙豪，就是 Scott 自己的那個版本。我們可以看到手稿，也就是說，我們可以用我們經驗到的真實世界的路徑與管道，回到 Scott 的心裡的艾蒙豪——但這路徑與管道無法用於故事中的艾蒙豪或蕊貝卡（Rebecca），也不能用於聖殿騎士（Templar）或約克的艾薩克（Isaac of York），也無法讓他們脫離故事生產的情境。我們到處都有同樣的考驗：由於每一個心智可以感覺到其他心智銘印在它之內的每一個修正，我們可以連續地通過兩個心智中的兩個客體，到達一個似乎同時存在於兩個心智中的第三個客體嗎？果真如此，我們至少可以說先前的兩個客體是由相同的第三個客體所衍生出來的，如果他們彼此相似，就可以說是指向相同的一個現實。

⑮在這種錯誤中有一些例子是，我們的感覺操作它部分相似卻並不想要的現實：例如我拿起你的傘，以為我拿的是我的。不能說我知道你的傘還是我的，但後者是我的感覺比較相似的。我兩者都犯了錯誤，把他們的脈絡表現得不正確等等。

我們在這篇文章裡說得好像批評者都是一種觀念，而感覺批評另一種。但是被批評的感覺與其批評者可能都是同樣的心智或早或晚的感覺，這裡看起來好像我們可以擺脫操作這個概念，證明批評者與被批評的都涉及和意指同樣的東西。我們認為我們直接看見我們過去的感覺，知道它們指向什麼，不需要求證，所以我們不需要「操作」來確定感覺和其批評者意指同樣的q。如果是這樣就好了。我們在本文中把比較複雜和困難的例子藏起來，也可以忘記這個比較簡單的例子，當前主要的是緊握住實際的心理歷程，不用管形上學的困難。

還有一點，我們將發現我們的方程式與費里亞教授（Professor Ferrier：譯註：即 James Frederick Ferrier, 1808-1864，蘇格蘭哲學家）在其 *Institutes of Metaphysic* 一書中所訂下的認知原則沒有可以對應的，其偉大的原則被 Fichte 的追隨者所接受，這原則是說為了使知識能被建構，必須進行認識的心智所有的知識，和其他被認識的知識並存：不是像我們預設的q，而是q加上我自己，構成我認識的基本條件。當然人類的常識在企圖分辨知識的意識狀態與非知識的意識狀態時，從來沒有夢想使用這類原則。所以，費里亞的原則如果有任何關連的話，必然充分地和意識的形上學可能性有關連，而非認知意識的實際構成有關。底下可以略過這一點，不用再注意。

⑯這是「關於」現實不完全的「思想」（thought about），該現實只是它的「題目」等等。

⑰譯註：William Paley（1743-1805），英國神學家，一八〇二年出版《自然神學》（*Natural Theology*）一

書。其中以動物為例，詳論動物的構造必然是被精細設計的。

⑱雖然兩者可能在同樣的事物上停止，而且成為「關於」該事物的不完全思想。

⑲理想主義與現實主義的差別在這裡是不重要的，這裡所說的和兩種理論都一致。我的知覺直接改變你的知覺的法則，和它先改變物理現實然後現實改變你知覺的法則一樣不神秘，在這兩種情況下，你和我好像被編入一個連續的世界中，而不是一對唯我主義者。

⑳譯註：William Makepeace Thackeray（1811-1863），英國小說家，《浮華世界》（*Vanity Fair*）是他的名著。

㉑「沒有比實踐上的可能差異更能區別意義的不同。……那麼，可以獲得（最高）理解的清晰度的規則如下：考慮我們的概念的客體會有什麼效果，可想見這些效果有實際的面向。然後，我們對這些效果的概念就是我們對這些客體的整體概念。」摘自Charles S. Peirce的文章How to make our Ideas clear，見於*Popular Science Monthly*，紐約，一八七八年一月，頁293。

2

印度老虎①

The Tigers in India

認識事物有兩種方式，立即地或直覺地認識以及概念地或表徵地認識。雖然類似放在我們眼前的白紙這種東西可以直覺地認識，但大部分我們知道的事物，例如在印度的老虎或哲學的經院系統等，都只能表徵地或象徵地認識。

為了讓我們更明白點，我們拿概念知識做例子；現在我們坐在這裡，就拿我們對印度老虎的知識當例子。我們說我們在這裡所知道的老虎究竟是什麼**意思**？用霍德森那不優美但很有價值的語言形式來說，認知自信地宣稱**被認識為**（**known-as**）是怎麼樣的事實？

大部分的人會回答說，我們所謂的認識老虎，就是讓牠們以某些方式出現在我們思想中，雖然在形體上是缺席的；或者說我們對牠們的知識，被認識為我們對牠們的思想的呈現。這種在缺席中的出現，像個偉大的奧秘；而常被認為賣弄學問的經院哲學會解釋說，我們心智中的老虎是一種特別的存在，稱為**意向層面的不存在**（intentional inexistence）。至少，人們會說我們所謂的認識老虎，就是當我們坐在這裡時，在心智上**指向**（pointing）它們。

但是現在在像這樣的例子中，我們所謂的**指向**是什麼意思？這裡所謂的指向被認識為是什麼呢？

對這個問題我將提供一個非常乏味的答案，這個答案不僅僅否定常識與經院哲學的偏見，也否定幾乎所有我讀過的認識論的作家。簡單地說，這個答案是：所謂我們的思想對老虎指向，可以被單純地認為是一種跟隨在思想之後，繼續進行一系列的心智聯繫（mental associates）與運動性的結果（motor consequences），如果能跟隨到外在的某些完美或真實的脈絡中，或是到老虎立即的出現，就能和諧地繼續進行引導。指向也可以被認為是如果這個動物以老虎的樣子出現，我們也同意所顯示的真的是老虎，我們就會拒絕認為牠是頭美洲豹。指向也可以被認為是，我們有能力說出所有不與說明真正老虎的命題互相矛盾的命題。如果我們認真看待老虎，指向也可以被認為是我們的行動會終止於直接直覺到的老虎，或是旅行到印度獵殺老虎，然後帶回一大堆剝下來的毛皮。我們心裡的圖像在這些所有的情況中，它們**自身**並沒有發生任何自我超越。它們是現象上的事實；老虎是另一種現象上的事實；**如果你曾經承認有一個聯繫的世界**，那麼對老虎的指向是一種完全平凡的、經驗內的關係。簡而言之，以休謨（Hume）的話來說，想法和老虎是自由、分離的，就像任何兩種事物一樣；而在這裡所謂的指向表示一種外在和偶然的操作，就好像自然所發生的任何操作一樣。②

我希望你們同意我的看法，在表徵性知識中，並沒有任何特殊的內在奧秘，而只有一連串外在的、聯繫思想和事物的一種物質上或心理上的中介事物。**這裡所謂的認識一個客體就是透過世界提供的某個脈絡，引導到客體那裡**。我們的同事米勒（D. S. Miller）去年在紐約的會議上已經表達過這一點，我要在這裡感謝他，因為他讓我再次確定我那猶豫不決的觀點。③

接下來讓我們進到對客體的立即或直覺上的熟悉，假定該客體為我們眼前的一張白紙。從我們開始看這一刻起，思想材料與事物材料本質上是完全相同的，而且在思想與事物之間，並沒有任何中介脈絡或相關事物介入或分開它們。這裡並沒有「在缺席中出席」（presence in absence），也沒有「指向」，而是思想全面地擁抱這張紙；而且顯然地，這裡的認識（knowing）無法用以老虎為客體時的樣子來加以解釋。分布在我們的經驗中的是立即的熟悉狀態，就像這個例子。有時候我們的信念依靠著終極資料（ultimate data），例如這張紙的白、平滑、方正等。這些性質是否真的是存在的終極面向，或者只是除非我們得到更好的訊息，否則我們會一直掌握著的暫時觀點，對我們現在的探究並不重要。只要我們一直這樣相信，我們當面所見就是這樣的客體。我們這裡所謂的「認識」像這樣的客體是什麼意思呢？如果我們對老虎的概念，引導我們到牠的巢穴前而停止，這也是我們認識老虎的方式嗎？

這個演講不應當太長，所以我必須用最少的話來提供解答。首先我認為：當我們認為我們經驗裡的白紙或其他終極材料，也進入某個其他人的經驗中，我們就會認定該客體在那裡與在這裡是一樣的；因此，就好像隱藏分子的面具一樣，其他我們現在不可能的經驗，某日可能就會現身眼前；我們再一次看一下印度老虎這個例子：被認識的事物成為缺席的經驗，認識只能存在於透過世界所提供的中介脈絡，平滑地向它們移動。但是如果我們自己對這張紙的看見，由所有其他事件中抽取出來，就好像它是由自己的世界所構成的（它可能可以完美地如此，相反的情況我們應該也可以了解），那麼，這一張被看見的紙與看見它就只是一個不可分割的事實的兩個名稱，該事實適當的稱呼就是**材料**（datum）、**現象**（phenomenon）或是**經驗**（experience）。這張紙在心智中，並且心智圍繞著這張紙，因為紙和心智只是在隨後的一個經驗中所給定的兩個名稱，當放在一個更大的世界中來看時，其連結可以追溯到不同的方向。④**那麼，立即地或直覺地知道**（to know）**是表示心智內容與客體完全相同**。這和表徵性知識的定義是非常不同的；但是兩種定義都不牽涉到自我超越以及在缺席中出席的神秘概念，後者是知識的觀念最基本的部分，是哲學家與一般人都擁有的。⑤

註釋

①本章取自美國心理學會會長演說，收錄在 *Psychological Review, vol.*ii（1895），頁 105。

②我們說，田地中的一塊石頭「合適」另一塊田地上的一個洞。但是只要沒有人拿起石頭放到洞裡，這個「合適」的關係，只是表示某個行動可能發生的事實。這和這裡所謂的認識老虎是一樣的，只是對可能發生進一步關連和結束的過程的一種預期名稱。

③參見米勒討論真理與錯誤（Truth and Error）以及內容與功能（Content and Function）的文章，載於 *Philosophical Review*（July, 1893; Nov., 1895）。

④這裡的意思是說「經驗」能夠被指涉到兩個大的連結系統，一個是經驗者的心智歷史，或者連結到這世界被經驗到事實。經驗都可以構成屬於這兩個系統的一部分，並且可以被視為其中的一個連結點。我們可以用垂直線代表心智歷史，其中同樣的客體O也會出現在不同人的心智歷史中，我們用不同的垂直線來表示。它因此停止成為一個經驗的私人財產，而變成一個被分享的、公開的事物。我們可以這樣追蹤其外在歷史，用水平線來表示。

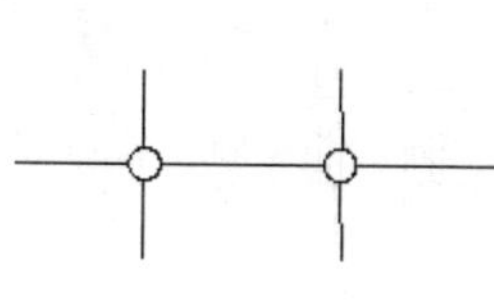

〔在其他垂直線的點上也表徵性地被認識，或是再一次被直覺地認識，因此其外在歷史的線就會纏繞一起，且曲折徘徊，但我用直線來簡單表達。〕然而，在所有的情況中，所有

在線的組合裡面的圖都是一樣的「內容」。

⑤〔讀者可以觀察到本文是由天真的（*naïf*）實在論或常識的觀點來寫的，且想要避免引起觀念論的爭議。〕

3

人文主義與真理①

Humanism and Truth

由《心靈》（*Mind*）的編輯那裡收到布雷德利（Bradley）先生對《真理與實踐》（*Truth and Practice*）一文的校樣，我認為這對我是個暗示，好像在邀我加入似乎早已嚴肅開始的「實用主義」論戰中。既然我的名字與這個運動已經連在一起，我認為應該接受這個暗示，特別是某些方面給我過多的讚賞，但另些方面卻給我不應得的詆毀。

首先，關於「實用主義」這個詞，我自己只用來表示一種進行抽象討論的方法。皮爾斯（Peirce）先生說，一個概念的嚴肅意義有賴於這個概念的真，能夠對某些人產生具體的差異。把所有爭議中的概念帶到「實用主義」中測試，就可以避免無用的口角：如果兩個陳述皆為真，不能產生實際的差異，那麼它們只是用兩種說法的同樣陳述；如果無論一個陳述是真或是假，都不能產生實際差異，那麼該陳述並無真實意義。兩種情況都沒有值得爭論的地方：我們可以不費唇舌，直接跳到比較重要的問題上。

所有實用主義方法隱含的意義，就是真理必須**有**實際上的②效果。在英格蘭，這個詞的使用範圍較廣，包含這樣的觀念：任何陳述的真理以其效果為主要因素，尤其是好的效果。這裡的意義超出單純方法上的範圍；並且由於我的實用主義與這個較廣的實用主義非常不同，兩者都很重要，值得用不一樣的名稱來稱呼，我想席勒先生把比較廣義的實用主義稱為「人文主義」（humanism）的建議是很好的，應該被接受。比較狹隘的實用主義應該繼續用「實用主義方法」（pragmatism method）來稱呼。

過去六個月，我閱讀了很多對席勒與杜威作品充滿敵意的評論；除了布雷德利先生詳盡的控訴之外，其餘都不在我手邊，我也忘了大部分的內容。我想就我這部分對這個主題進行不拘形式的討論，會比一一駁斥這些批評要來得有用。特別是布雷德利先生的批評可以由席勒來對付，他一再地說無法理解席勒先生的觀點，明顯地沒有用同情的態度來進行理解，我必須不客氣地說，他那一篇大作在這個主題上對我一點啟發也沒有。對我而言，他整篇文章都是離題謬誤（*ignoratio elenchi*），我覺得可以不予理會。

這個主題毫無疑問非常困難。杜威與席勒先生的思想明顯是一種歸納，進行一般性的說明，遠離所有纏人的特例。如果它是真的話，它牽涉到很多對傳統觀念的重述。在剛開始表達這種智慧的產物時，並沒有達到理想的表達形式。因此，批評者在處理這種思想時，不應該太過於苛求並過於用邏輯來挑剔它，而應該全面地衡量它，特別是要按照其他可能的觀念對比來評估。我們也應嘗試把它應用到個別具體實例，看它是否適用。對我來說，這不是個要指出荒謬或自我矛盾，或是把它肢解後誇張地描述醜化，施予立刻的處決。事實上，人文主義比較像那些夜裡聽到輿論後的世俗表面化，隨著「太深而沒有聲音或泡沫」的浪潮，留下所有支持者的粗俗與浮誇，使得你無法將它們釘死在任何一個絕對基本的說法上，或是施予致命的一擊。

諸如由貴族統治變為民主政治、由古典品味變為浪漫主義、由有神論的情感變為泛神論的情感、由對生命靜態的理解變為進化的理解——我們目睹的這些變化，都有上述特點。經院哲學一直用單一決定性理由反對這種變化，主張新的觀點常常自我矛盾，或否認一些基本原則。這好像在河床中間插上一根棒子，就想使河流停止一樣。水流繞過你的障礙物，而且「同樣都到達那裡」。當我閱讀我們的對手的一些文章時，我想起那些反對達爾文主義的天主教作家，他們告訴我們高等物種不可能來自低等物種，因為「無不能生有」（*minus nequit gignere plus*），或是認為物種轉化（transformation）的觀念很荒謬，因為這好像隱含著物種傾向毀滅，而這會違反每個現實傾向保持現狀的原則。這個觀點太過於缺乏遠見、太僵硬，且在歸納論證上太粗淺。早期科學進行較廣的理論概化時，總是會遇到這類斷然的駁斥；但是它們保存得更久，而這些駁斥變成過時而腐朽。我不禁懷疑當前的人文主義理論是否正在經歷這種駁斥過程。

了解人文主義的一個條件就是要學會歸納思考，拋棄嚴格的定義，跟隨一般便捷的途徑。我們的反對者可能這樣說：「換句話說，把你們的智能分解為一把爛泥（slush）。」我會回答：「就是這樣，如果你不願意客氣一點的話。」人文主義把比較是「真的」，理解為比較是「令人滿意的」（用杜威的話），放棄線性的論證與過去重視的嚴格與終極的理想。這種放棄的心境正是人文主義精神的基本特性，與絕對懷疑主義（pyrrhonistic scepticism）有所不同。滿意必須用多重的標準來測量，我們應當知道，其中有些可能在任何既定的例子中都不行；而比其他任何所見的還要令人滿意的，結果可能是一種加的（*pluses*）和減的（*minuses*）的總合，關於這一點我們只能信任下一步的修正與改進，希望某天可以一邊達到最大，另一邊達到最小。當人拾起這種信念條件的歸納觀點時，這表示一種心靈的真正改變，與絕對主義的希望決裂。

就我了解到的實用主義看事物的方式，其產生與最近五十年來科學真理的舊觀念的瓦解分不開。過去常說：「上帝創造幾何學」；且相信歐幾里得原理正是複製其幾何學。這世界有一個永恆不變的「理性」；其聲音迴響在經驗哲學三段論歌訣*Barbara*與*Celarent*等③之中。同樣地，物理和化學的「自然規律」、博物學分類等，也都被假定為埋藏在事物結構內，是先於人的原型的精確副本，那潛伏在我們理智內的些微神性，使我們能夠深入發掘。當時，認為世界的構造是合乎邏輯的，而且就是大學教授的邏輯。直到大約一八五〇年，幾乎所有人都相信科學表達的真理就是一套摹本，臨摹非人類現實的符碼。但之後由於各種理論的大量增加，那種認為某一個理論比另一個理論更為客觀的看法已經被推翻了。這麼多的幾何學、邏輯學，這麼多的物理學和化學的假設，這麼多的分類學，每一種都在某些條件下適用，不是對每一種事物都適用，我們已經這樣認為，即使最為真的方程式，也是人類發明的工具，而不是對現實的摹本。我們聽到有些人把科學法則當成是「概念速記」，只要是有用的就是為真的。我們的思想變得可以容忍象徵，而不是複製，能夠容忍近似，而非精確，能夠容忍可塑性，而非嚴格。「能量學」（energetics）就是這種科學人文主義的最新發展，測量可感覺現象的外貌，從而用一個單一公式來描述這些現象的「強度」變化。這種科學人文主義對於世界與人的心智之間，何以有這麼奇妙的一致性，還留下很多尚待解決的疑問，但無論如何，它已經使我們整個有關科學真理的觀念，變得更為靈活與親切了。

我們不相信當前是否還有任何理論家，無論是數學、邏輯、物理學或生物學等，還認為自己可以複製自然或上帝的思想。我們思想的主要形式，主語（subjects）與謂語（predicates）的分離，否定的、假設的和轉折的判斷等等，純粹都是人類的習慣。如同沙利斯貝雷勳爵（Lord Salisbury）所言，乙太（the ether）只是一個名詞，由動詞使它起伏；我們很多神學觀念都同樣是出自於人，甚至相信這些觀念的人也承認這一點。

我想當前真理觀念的變化，提供杜威和席勒兩位先生理論的動力。近來還有一種懷疑，認為一個公式之所以勝過另一個公式，也許不在於其「客觀性」，而在於其主觀的特性，例如其有用、「優美」或是符合我們殘存的信念。接受這種懷疑且概化的方式來看問題，我們就掉入某種人文主義的心理狀態。認為真理無論在哪裡，不是一種複製，而是增加；不是對既存現實建構一個內在的副本，而是於現實合作，以達到一個更明確的結果。這種心智狀態在一開始時當然充滿模糊與曖昧。「合作」是一個模糊的詞；它無論如何必須包括概念和邏輯的排列。「更明確」這個詞更為模糊。真理必須帶給我們明確的思想，並使我們的行動便利。「現實」這名詞更是最模糊的。要測驗這一方案的唯一方法，只有把它應用到各種類型的真理上，以達到更精確的解釋。任何一個假設只要迫使我們作這樣的檢查，即使它最後並不成立，也就有這個巨大優點：使我們更加熟悉整個問題。如果有一種理論一開始就抽象地控訴它有自我矛盾而把它窒死，不如給它以足夠的「繩子」，看它會不會自行「吊死」。所以我覺得認真地、同情地思考一下人文主義，是應該向讀者推薦的暫時態度。

當我同情地思考人文主義時，我所體會到的意義大致如下：

經驗是一個不斷給我們新的材料，供我們消化的過程。我們憑我們原有的整套信念從理智上加以處理，依不同的程度加以吸收、拒絕或重新排列。有一些統覺觀念是我們自己新近獲得的，但大部分是人類的常識傳統。在我們賴以生活的一切常識傳統中，沒有一個觀念在最初不是一個真正的發現，不是一個歸納的概括，一如那些較近代的關於原子、慣性、能量、反射動作、生存適應等等概念一樣。一個時間（Time）和一個空間（Space）作為單獨的連續性「容器」的概念；思想與事物、物質與精神的區分；永恆的主體與變化的屬性的區分；類別與類別之下的次級類別的區分；偶然關係與常規關係的區分；所有這些當然都是我們的祖先在歷史的某一時期，為了想從他們混亂、粗糙的個人經驗中，求取普遍且容易掌握的真理而獲得的巨大成就。事實證明，它們都極具**思想工具**（*denkmittel*）的價值，因而成為我們現在思想結構的一部分。我們絕不能對它們敷衍了事。任何新的經驗都不能推翻它們。相反地，它們統覺著我們每一個經驗，並給每個經驗安排位置。

要達到怎樣的效果呢？無非使我們能更好地預見我們經驗的進展，更好地彼此交流，更好地按規律生活。另外，也使我們能有一個更無瑕、更明確、更全面的心靈視野。

在發現時間、空間的概念之後，人類在常識方面最重大的成就也許要算「事物永存」的概念了。例如當一個響鼓從嬰兒的手裡掉了，他不會去看它掉往哪裡。在他還沒有更好的信念以前，看不見的東西就被認為是消失的。但知覺表示**存在**（beings），無論響鼓是握在我們手裡或不在我們手裡，都同樣存在，這個解釋對我們的各種遭遇非常具有啟發性，以致於一經運用就再也不會忘記。這個解釋也同樣適用於事物與人、客觀的世界與推論的世界。無論是柏克萊（Berkeley）派、彌爾（Mill）派、康奈流斯（Cornelius）派的人如何加以批駁，它是**適用的**（works）；而且在實際生活中，我們也從不想改變這個解釋，或用別的解釋來說明我們新的經驗。固然，我們可以假想在事物永存的假設構成以前，也許存在有一種「純粹」的經驗狀態；我們也可以假想如果沒有這個假設，也許某一個古代的天才會發現另一個不同的假設。但是現在我們肯定不能想像會有任何不同的假設，因為「超知覺現實」（trans-perceptual reality）的範疇，是我們今日生活的基礎之一。如果我們的思想要具有合理性和真實性的話，就必須繼續使用這一個假設。

這個概念**首先**是在一個極端混亂的純粹經驗型態中，該經驗讓我們提出問題，第二是在基本類型的方式中，這些類型很久以前就已經寫入我們的意識結構，實際上是不可逆的，為一切答案定義了大致的範圍，第三是以最符合我們當前需要的形式提供具體答案，據我看來，這樣一個概念就是人文主義概念的本質。它把原始的純粹經驗，看成是已被歷史上發展起來的謂語所包裹起來的，以致我們已不再能當它是「純粹」經驗，只能當它是一個**他者**（Other）、一個屬於那個（That）的東西，用布雷德利的話來說，我們的心智能「遇見」它，我們受到它的刺激產生各種觀念，這些觀念，按照它們促進我們的心智或身體活動，以及給我們帶來外部力量和內部安定，而確定其為「真」的程度。但究竟這個他者，普遍存在的**那個**東西，其本身有沒有明確的內部結構？或是如果有的話，這結構是否與我們已賦予謂語的經驗相類似？關於這個問題，人文主義還沒有加以研究。不過無論如何，對我們來說，人文主義堅持認為現實是我們理智發明的累積，在我們與現實不斷的交接中，「真理」的追求，永遠是追求發展新的名詞和形容詞，而盡量不改變舊的。

我不明白為什麼布雷德利本人的邏輯或形而上學使他爭論這一個概念。按理，如果他願意像羅伊斯教授（Professor Royce）④那樣，加上他那個特殊的「絕對」，他可以**一字不差地**（*verbatim et literatim*）加以接受。法國的柏格森（Bergson）⑤和他的物理學家弟子威爾布瓦（Wilbois）以及勒賀瓦（Leroy），都是按照上述定義的徹底人文主義者。米何教授（Professor Milhaud）⑥似乎也是一個；偉大的彭加勒（Poincaré）⑦也幾乎是這樣。在德國，齊美爾（Simmel）⑧這名字就代表一個極端急進的人文主義者。馬赫（Mach）⑨和他的學派，還有赫爾茲（Hertz）⑩和奧斯特瓦爾德（Ostwald）⑪也都應算是人文主義者。人文主義觀點已經到處流行，我們必須耐心加以討論。

討論人文主義的最好方法，是看它有什麼別的東西可以替代。究竟有什麼東西呢？它的批評者都沒有明確的表示。說得比較具體的，至今只有羅伊斯教授一人而已。因此，人本主義對哲學的第一個貢獻，也許就是迫使那些反對它的人好好地探索自己的心與頭腦。它將迫使人們注重分析，使分析成為現代的秩序。當前所存在的反對它的因素，似只有那個認為**真理是思維與事物的一致性**（*Adæquatio intellectûs et rei*）的懶惰傳統。布雷德利僅表示真的思想「必須符合（correspond）某個確定的存有（being），這存有絕不是思想所能創造的」。顯然，這一說法沒有任何新的創見。所謂「符合」究竟是什麼意思呢？所謂「存有」究竟在哪裡呢？所謂「確定的存有」究竟是什麼東西呢？這裡所謂「不能創造」又是什麼意思呢？

對這些空泛的稱謂，人文主義立即加以精練。我們是和我們與之發生任何關係的任何事物，在**某種**方式上相符合。假定它是一個事物，我們也許就生產出它的一個確切的副本，或是也許只感覺到它是某處的一個存在物。假定它是一個要求，我們也許一點都不了解它，只是感到它的壓力就服從了它。假定它是一個命題，我們也許因不反對它，讓它通過，就同意了它。假定它是二物之間的一個關係，我們也許因作用於其中一物，而就證明了另一物在何處。假定它是我們得不到的某物，我們也許用一個假設的事物來予以替代，而這假設事物，因為具有同樣的效果，也就替我們得出了真實的結果。一般地說，我們對事物也許只是**加上我們的思想；如果這事物遭受這個增加**，而且整個形勢因此和諧地延長並得到豐富，這思想就算是真的。

至於那些我們與之符合的存有物在哪裡，雖然它們可能在目前的思想之內，也可能在目前的思想之外，人文主義認為沒有任何基礎可以說它們處於我們的有限經驗之外。從實用主義來說，存有物的「現實」表示我們服從它們、考慮它們，不管我們願意或不願意，但是對我們本身經驗以外的經驗，都必須永遠這樣。我們目前經驗必須與之「適當地」符合的整體系統，可能就和目前經驗相連續。這種作為目前經驗以外的、一切別的經驗來解釋的實在，既可能是過去遺留下來的經驗，也可能是未來將遇到的經驗。不論是哪一種情況，其確定性對**我們**來說，只是我們的判斷行動所配上的一些形容詞而已，基本上都是人的產物。

所謂我們的思想並不「創造」這實在，依照實用主義的解釋是說，假定我們的特定思想不存在時，這個實在還是以某種形式存在，雖然也許少了一些我們的思想所賦予的某種東西。所謂實在是「獨立的」，是說在每一個經驗中都存在某種不受我們隨意控制的東西。如果它是一個可感覺的經驗，它會強制我們的注意；如果它是一個順序，我們就不可能加以顛倒；如果我們對比兩個名詞，只能得到一個結果。在我們的經驗本身之內，都有一種強制人的力量、逼迫人的力量，反對它們，我們是毫無力量的，我們只能任它們驅使，驅使的方向就是我們信念的宿命。至於經驗本身的這種趨勢，最後是由某種獨立於一切經驗的某種事物所控制的說法，也許是真的，也許不是真的。也許有一個超越經驗的「物自身」（*ding an sich*）使人的經驗不斷前進的，或也許有一個「絕對者」，永遠在人的思想所創造的不斷確定性的背後。但人文主義認為，無論如何，在我們的經驗**本身**之內，某些確定性表現得與別的事物脫離而獨立的；某些問題，如真的問這些問題的話，只能以一種方式來解答；某些存有物，如真的假定存在的話，必須認為在假定它們之前就已經存在了；某些關係，如真的有這些關係的話，一定和它們的名詞存在得一樣長久。

按照人文主義的觀念，真理只是指經驗中較不固定的部分（謂語），和其他較固定的部分（主詞）的關係。我們尋求真理，根本不用從經驗與任何超越本身的任何事物的關係中去尋求。我們儘可待在家裡，因為作為經驗者，我們的行為在各方面都被包圍住了。我們既受到我們的客體的推動，也受到我們的客體的抗阻。這個和任性或放肆相對的真理觀念，必然會從每一個人的生命的內部獨自生長起來。

所有這一切都至為明顯，而居然有人向人文主義作家一致地控訴，這真「令我厭煩」。譬如我有一次在一個哲學會議上談論杜威的《研究》（*Studies*）時，就有人提出：「一個杜威主義者（deweyite）怎麼能區別真誠與欺騙？」羅伊斯教授提出反對說：「一個單純（mere）⑫的實用主義者怎麼會感覺到認真思維的義務？」布雷德利接著說，一個實用主義者如果真的了解他自己的主義的話，「一定把任何一個不管多麼荒謬的觀念當作是真理，只要有人硬說它是真理的話。」泰勒教授則把實用主義形容為隨便相信任何事物而且稱之為真理。

對於人們思維實際所處的情況，採取這種膚淺的看法，真使我詫異之至。這些批評者好像認為，我們這種像是「無舵之舟」的經驗，如果聽其行駛，一定會隨處漂流。即使給它裝上了指針，他們好像也覺得無的可指。他們堅持認為，除非我們不想到達彼岸，否則在「單純的」航行之外，必須還有來自經驗以外的、絕對的航行指令；必須還有獨立、不受我們支配的航行圖才行。但是即使說有了我們所**應該**遵循的那種絕對的航行命令，意即先於人的真理標準，我們真的去遵循這命令的唯一保證，不還是靠我們「人的因素」嗎？如果在我們的經驗內，沒有感受到共同合作的些微可能，這所謂的「應該」就只是在虛張聲勢（*brutum fulmen*）。事實上，即使對絕對標準最虔誠的信仰者，也必然承認人們無法遵循這些標準。儘管這些永恆的禁令頑固任性，還是會存在，儘管有多少先於事物（*ante rem*）的實在，也不足以防止經驗中無窮錯誤的產生。不管有無超越經驗的實在，其足以防止那些頑固、不規則思想的唯一**真正**的保證，只是經驗本身四周的壓力，才使我們不犯具體的錯誤。再說，絕對實在論者又如何知道，那絕對實在要他想什麼呢？他不能直接看到絕對，而且無法猜測究竟絕對要求他什麼，除非靠人性的線索。他本身能夠實際地**接受**的唯一真理，只能是他的有限經驗自行引導到達的那個真理。至於那種一想到人們的有限經驗沒有掌握就覺得害怕，認為只要有一個「絕對」的空名，就覺得有保障的心智狀態，彷彿這空名儘管不起作用，總是可以表示某種精神上的安全，那就像是一些好人聽到某種糟糕的社會風尚就滿臉脹紅，要求「國會明令禁止」，好像僅憑一紙命令就足以濟事的那種心理一樣。

對於一個真理法則的**裁決**完全由經驗的質地（texture）決定。無論有沒有絕對，對**我們**來說，具體的真理總是我們各項經驗結合起來時最有利的一種思考方式。

然而，我們的反對者強硬地說，你們人文主義者對待真理，總是比那些相信獨立實在和嚴格標準的人來得變通與隨便。但是如果這裡所說的後者，是指那些自以為知道絕對標準而公然宣布那些標準的人，那麼無疑地，人文主義者是比較有彈性；如果所指的絕對論者是指在具體事物中採用經驗主義的研究方法（實際上，目前的一些絕對論者正是這樣），那麼人文主義者絕不比他們變通隨便。考慮假設**肯定**（*ins blaue hinein*）比隨意武斷要好。

但正因人文主義者有一些也許是較為彈性的氣質，反對者就據以為定罪的根據。正因他相信真理是從經驗中產生，和隨時代表我們個人的最有利的反應，就好像我一位博學的同事所說的，他永遠被否定具有說服反對者的資格；因為反對者本身的看法，既然也代表他們暫時最有利的反應，不就滿足了他們的要求了嗎？按此理論，只有那相信真理是**在事物之先**的，才能對反對者進行說服而不自我矛盾。但我要問，難道對真理主張任何解說，都會自我矛盾嗎？難道定義會與行為矛盾嗎？「真理是我想要這麼說的」——假定這就是我的定義，「好吧，我就想這麼說，而且我想要你也這麼說；我就不斷地說，直到你接受為止。」試問，哪裡有什麼矛盾？如果說有任何真理，我這樣的說法就具有這一點真理。說話的**氣質**（temper）是超乎邏輯的東西。固然，某一個絕對論者也許比一個人文主義者要熱烈一些；但換另一個絕對論者，也未必就這樣。拿一個人文主義者來說，如果他秉性足夠熱情的話，也完全能為了說服、改變一個反對者，而不惜爬山涉水的。

「但是你怎**能**對任何一個你知道部分是你自己創造，而且下一分鐘就會改變的觀念感到熱情呢？在這樣微弱的條件下，你怎能對你自己的真理標準有任何熱情呢？」

這正是反人文主義者所提的另一個反對理由，顯示出他們本身對情況的現實性掌握不夠。只要他們能按照實用主義方法提問：「真理究竟**被認為是**（known-as）什麼？真理的存在究竟代表什麼具體的利益？」他們會看到，「真理」這名詞幾乎代表了我們生活中一切可貴事物的**縮影**（*inbegriff*）。所謂真的事物，就是和一切不安定的、一切實際上令人失望的、一切沒有用的、一切虛偽和不可信的、一切不可證實和得不到證實的、一切矛盾和不一致的、一切不自然和不正常的、一切不實在或實際上不關重要的事物相反的事物。這些就是我們所以要投向、而且拼命要投向真理的實用主義的理由——真理能把我們從那種情況的世界中拯救出來。無怪乎它的名字令人真誠嚮往；更無怪乎對於一切微不足道的、暫時快樂的相信，比起對真理的追求，要顯得不值得一顧了！如果說絕對論者認為人文主義不真而加以拒絕，那是由於他們整個思想習慣已經固定在另一種實在觀，因而人文主義世界就好像只是一些狂妄少年的幻想。事實上，以「永恆天性」的名義說話並使他們拒絕我們人文主義（他們所理解的人文主義）的，只是他們一整套主觀的統覺意識而已。但是我們人文主義者，何嘗不也同樣駁斥一切崇高的、絕對的、不變的、永恆的、理性的、神聖的哲學體系。根據我們對付自然的經驗和我們的思想習慣，我們覺得這些哲學體系違背自然的**戲劇性氣質**（dramatic temperament）。即使說它們不至於武斷、教條到荒謬的地步，至少它們是特別做作和不自然的。如果說理性主義者覺得背棄我們這種寬廣的真理原野，投向他們那種更精緻、更潔淨的理智世界是心安理得的話，我們背棄後者而投向廣大遼闊的真理原野，也同樣是心安理得的。⑬

以上所說的，肯定足以說明人文主義並不忽略真理的客觀性和獨立性。接下來再看反人文主義者認為我們的思想要成為真的，就必須「符合」，這究竟是什麼意思。

對於「符合」一般世俗的觀念是：思想必須**摹寫**實在——認識是被認識者與認識者的類化（cognitio fit *per assimiliationem cogniti et cognoscentis*）；在哲學方面，既沒有認真地談過這問題，似乎也直覺地接受這樣的觀念：一切命題，只要是摹寫永恆思想，就算是真的；一切名詞，只要是摹寫外在於心智的現實，也算是真的。實際上，我覺得大部分對於人文主義的攻擊，正是由這摹寫學說所引起。

但是從先驗看，我們的意識和現實的關係並不見得僅僅就為了摹寫現實。我們不妨讓讀者假設自己暫時是宇宙裡唯一的現實，接著接到通知說另外一個人即將產生，將真實地認識他。試問，在他接到通知之後，他怎樣在事前想像這認識呢？他希望這認識是個怎樣的認識呢？我絕不相信他會把這認識想像為僅僅是一種摹寫。第二者的到來，要是只成為他的一個不完全的副本，這對他有什麼好處呢？這會是一個絕大的浪費！更合理地說，他將要求一個絕對新的東西。他將以人文主義觀點來看這認識。他會說：「新來者必須**考慮我的存在，必須用使雙方都得到好處的方式回應我的存在**。如果為此目的而必須摹寫，那就讓它摹寫；否則就不必。」總之，基本之處不在於摹寫，而在於豐富原有的世界。

前幾天我在尤肯教授（Professor Eucken）⑭的一書中讀到：「**強化已發現的存在**」（*Die erhöhung des vorgefundenen daseins*）這樣一句話，我覺得這話用在這裡很適合。思想的任務與其說只為了摹寫和複製存在，為什麼不能說是為了增加和提高存在呢？凡是讀過陸宰（Lotze）⑮著作的人，都不會忘掉他對一般關於「物質第二性質」的觀念的見解，該觀念說它們是虛幻的，因為並不摹寫任何東西。陸宰說，那種把世界看成本來就已經完備，思想只是默從地反映，而對事物一無增加的看法，是不合理的。應該說，思想本身就是事實極重要的部分；先存的、不完備的物質世界，它的整體任務可能就是為了激發人們的思想，來為它產生較為寶貴的增補。

總之，「認識」**只是與實在發生有利關係的一種方式**，而不論摹寫是不是這種關係之一，就我們所能預見到的來說，並沒有什麼與此相反的情況。

我們不難看到這摹寫理論，究竟是從哪一種特殊的認識類別中產生。在我們對自然現象的處理中，一個重要之處就是能夠預言。按照史賓塞（Spencer）⑯的說法，預言代表智慧（intelligence）的全部意義。當他的「智慧法則」說內部關係與外部關係必須「對應」（correspond），它的意思是說，我們內部時空表中的名詞分布，必須是現實時空中現實名詞分布的精確摹本。從嚴格的理論而言，心智的名詞不一定要一個一個地摹寫現實的名詞，只要能摹寫現實的時間和地點，象徵的心智名詞就足夠了。但是在我們的日常生活裡，心智名詞是影像，現實名詞是感覺，而影像經常摹寫感覺，因此也就很容易把名詞的摹寫和關係的摹寫看成是認識的自然意義。實際上，即使是這種普通的敘述性真理，也大都以象徵來表示。如果我們的象徵在正確地確定我們預期的這個意義上，**符合**這世界的話，不摹寫現實的名詞甚至會好一點。

實用主義關於所有這種有關現象知識的敘述顯然是正確的。這裡所謂的真理，並不是我們的觀念和非人的現實之間的一種關係，而是我們經驗中的概念部分與感覺部分之間的一種關係。一切思想，凡是引導我們與不斷發生的可感覺的具體經驗發生**有利的相互作用**，就都是真的，無論它們是否事先摹寫這些具體經驗。

然而正因在現象事實的知識中，常常有摹寫存在，因此，即使在理性事物方面，人們也把摹寫假定為真理的必要條件。例如，幾何學和邏輯就被認為必定摹寫造物主的原型思想。事實上，在這些抽象的領域內，根本就用不著假定有任何原型。人的理智可以任意刻劃出各種式樣的圖形，任意作出各種數字的組合，任意構成各種的類別和系列，而且能不斷地進行分析與比較，僅就一切觀念無窮豐富這一點來看，我們就不相信有什麼「客觀」原型的預先存在。如果說有一位上帝，祂的思想只尊重直角座標（rectangular）而不尊重極座標（polar co-ordinates），或只尊重吉方斯記法（Jevons's notation）而不尊重布勒氏記法（Boole's notation），這種假設顯然不對。但如果說上帝對人類在這些方面一切**可能**的奇異觀念，都已先想到的話，那他的思想簡直像三頭八臂六乳的印度偶像，對我們來說是超級妊娠（superfœtation）與累贅的構成，我們也不再會想去摹寫，整個摹寫的觀念會從這些科學消失。所以，與其說它們的對象是從先存原型摹寫得來，毋寧說是逐步逐步地由人類創造——人類多快地想到它們，它們也就多快地被創造出來。

也許有人會問，既然三角形、正方形、平方根、種屬等概念只是人類臨時的「產物」，它們的屬性和關係怎能一下子就認為是「永恆的」呢？對於這問題，人文主義的解答非常簡單。既然三角形和種屬的概念是我們自己創造的，當然我們能使它們保持不變。我們只要明白規定：時間對**我們所謂的事物**不起變更作用，它們是我們有意地、也可能是假想地，從各種易變的實在聯繫或條件中分離出來，這樣就使它們變成「永恆」。而不變的事物之間，其關係也一定不變。這種關係絕不是碰巧的，因為按照假設，這些事物不會碰到什麼事情。在拙著《心理學原理》（*Principles of Psychology*）一書的最後一章裡⑰，我曾試圖證明這些關係只能是比較的關係。雖然到目前為止，這一個建議似乎還沒有人注意，我本身也不夠熟悉數學的發展，因而對這意見沒有太大的自信，但是如果這個意見正確，它就完全能圓滿解決這裡的問題。比較的關係是我們能夠直接察看的關係。心智上的事物只要從心智上加以比較，就可以看出是否相同。但是，在這些永恆的條件下，只要一次相同也就永遠相同，一次不同也就永遠不同。也就是說，有關這些人造事物的真理是必要且永恆的。我們只有首先改變了我們的論據，才能改變我們的結論。

所以，整個先驗（***a priori***）科學的結構可以視為全是人為的產物。正如洛克（Locke）⑱早就指出的，這些科學與事實並沒有直接的關係。只有**當**一個事實被認為與任何一個這些觀念客體相同，而被「人化」（humanized）的時候，原來對這些客體而言是真的東西，才同樣對這些事實而言是為真的。在這期間，真理本身根本就不是什麼東西的摹本；只是直接被知覺到的、存在於兩個人造的心智事物之間的一種關係⑲。

現在可再看一下幾種特殊的認識類型，以便更好地理解究竟這人文主義說法恰不恰當。對於數學的和邏輯的這兩種認識類型，我們可以不用再進一步闡釋，對於自然過程的敘述性認識，也可以不用再談多少。只要牽涉到預期，雖然這**可能**意味著摹寫，但也正如我們所見到的，它還需要表示事先「準備好」。但若談到許多遠隔的未來的事物，我們與它們的實際關係就極端渺茫、極端遙遠。例如，我們絕不能由中止潮汛來阻止地球的公轉。另外，對於過去的事物，雖然我們自認為真的認識過去，其實根本與它們沒有實際關係。明顯地，雖然在我們尋求對現象世界的真實描述中，絕對實際的興趣是我們的基本出發點，實際上，我們對於單純敘述的功能，也產生了某種內在的興趣。我們希望能作真的敘述，不管它們是否帶來任何附帶的利益。原始的功能早發展出一種單純敘述的要求。這種理論上的好奇，似乎就是人類典型的**差異**（differentia）；而人文主義也認識到它的廣大作用。在這裡，一個真的觀念不僅僅是一個準備讓我們得到實際知覺的觀念，也是一個準備讓我們得到僅僅是可能的知覺的觀念，或是這樣一個觀念：一旦把它說出來，它對他人暗示可能的知覺，或暗示某些說話者本身無法分享的實際知覺。把所有這一整套實際的和可能的知覺整理成一個固定的、有系統的形式，對我們顯然是有利的；而且在這裡，對永恆存有的常識觀念也得到成功的運用。思想者本身以外的存有，不僅說明思想者過去和未來的實際知覺，而且說明了他和任何他人可能的知覺。因此，它們能極美妙地滿足我們理論上好奇的要求。透過它們，我們能夠從我們直接的實際知覺，進入遙遠的可能知覺，回過來再進入未來的實際知覺，而只用一個原因來解釋無數的事項。正像在那些圓形的全景圖像中，前景裡的泥土、草木、石塊、摧毀的炮身等等，被包含在一幅描繪激戰景象的畫面中，與天地相接，混成一體，看不出有任何接縫；同樣，我們目前直接的知覺現實，加上那些概念性客體，就融合成我們整個的信念。對這些概念性客體，儘管柏克萊派曾有過各式各樣的批評駁斥，我們絕不懷疑它們是存在的。而且即使其中任何一個概念都是現在才被發現的，如果可以使過去與我們所感覺到的現在看起來更為一致的話，我們也會毫不遲疑地說它不但現在存在，而且過去就存在。這就是歷史的真理。譬如，我們認為是摩西寫《舊約聖經》的開首五卷（Pentateuch），因為如不是他寫的話，我們整個宗教習慣就得推翻。凱撒大帝也是真的，因為如果不信這點，我們就再不能相信歷史。三葉蟲在過去一定是有過的，否則我們關於地層的觀念就不能成立。同樣，如鐳錠雖然是直到最近才被發現，但也肯定它一向是存在的，要不然它與別的永久自然元素就不是類似的。在所有這些例子中，都只是我們的部分信念作用於另一個部分信念，而產生一個最滿意的整體心理狀態。我們說這個心理狀態見到了真理的，而且相信它所陳述的內容。

當然，如果你具體地把滿意看成是你目前所感到的某種滿意，而且抽象地把真理看成是最後被證實的真理，它們是不相等的；因為大家都知道，暫時的滿意往往不等於是真的。但對每一個人在每一個具體時刻來說，真理就是人在那時刻伴隨著對自己感到最滿意；同樣，抽象的真理、最後證實的真理，和抽象的滿意、最後感到的滿意，也總是一致的。總之，如果我們拿具體的與具體的相比，抽象的與抽象的相比，真理與滿意是完全一致的。我想，一般哲學界對於人文主義的主張之所以堅絕不能接受，也許就是因為在這方面沒弄清楚的緣故。

我們經驗的一個基本事實在於它是一個轉變的過程。在任何時刻對一個信仰者所說的真理，總好像一個人在霧中行進時的視野，或好像小說家喬治．艾略特（George Eliot）⑳所說的「被小魚刺穿大海的眼睛所透視的黑暗之牆」一樣，是在下一個時刻擴大和鑑定的客觀領域，之後這客觀領域或者改變了，或者保持不變。鑒定者既見到第一個信仰者的真理，也見到自己的真理，把二者進行比較，加以證實或加以否定。**他的**視野是不隨第一個信仰者的思想而轉移的獨立現實，雖然他的思想也應該符合那第一個信仰者的思想，但是鑒定者本身也只是一個信仰者；假使整個經驗過程到他就終止，**他的**思想也就沒有別的獨立現實與它比較了。

一切經驗的當下，總是暫時處於這種情況中。例如，我所體會和竭力主張的人文主義，從我的觀點來看是到目前為止最完善的真理。但因一切經驗都只是一個過程，所以沒有一個觀點可說是最後絕對的。每一個都是不完全、不平衡的，而且可能被後來的觀點改變。你們既然已抱有某一些這種觀點，並相信可能還有另一些觀點，就不會同意我所見到的真理是絕對的、永恆的，除非你們的這些觀點也證實我所見到的真理。

對此，你們可以概括說，無論如何滿意任何見解，只有當它符合某個外在標準時，才能算絕對是真的；如果你們因此忘掉這標準永遠產生於經驗內部這一點，那就更會隨便地說，只要適合於某個個別經驗，一定也適合於整個一切的經驗；個別的經驗和整體的經驗所具有的任何真理，都只靠它們符合於某些超越它們本身存在的絕對實在。顯然，這正是世俗傳統的立場。只因見到有限經驗必須互相依賴，哲學家們也認為經驗一般都必須有絕對的支持。人文主義否認這種觀點，也許這就是它不受人歡迎的根本原因。

但這不又是地球、大象以及巨龜的老話了嗎？難道不需要有某物終究是自立的嗎？人文主義願意讓有限的經驗自立。存有難免要在某處直接面對非實體。為什麼人們不斷前展的經驗前線，不能帶著它天生固有的「滿意」和「不滿意」，臨空挺進黑暗、無意義的虛空，好像光耀的月輪跨越無垠的天際一般呢？為什麼在任何地方世界就必須絕對地固定、完備呢？如果「現實」真的會生長，為什麼它就不能在我們此時此地所作的決定裡得到生長呢？

事實上，「現實」的確似乎是藉由我們的思想決定而生長的，儘管這些決定都不是這麼「真」的。就拿天際的「大熊」或「杓」（dipper）這個星座為例，我們稱它為「大熊」或「杓」，又算一算，就說它們有七顆。我們說在我們數它們之前，它們就已經是七顆，而且我們又說，無論過去有沒有人注意過這星座像不像長尾的（或長頸的？）動物，這相似的事實是一向存在的。但試問，我們這種把人類新近的觀念投射到過去無量時間的做法，究竟是什麼意思呢？難道說，「絕對的」思想者真的曾經數過這星數，記過這星數，並愚蠢地與熊作過比較嗎？難道說在我們人看到它們以前，它們就明白是七顆、明白是像熊嗎？在這些屬性的真理中，肯定沒有使我們這樣想的含義。我們只是隱含地或實際地稱呼這幾顆星，而我們這些首先見到它們的人，把它們明白地表示出來，把它們變成了「真的」。當所有發生的條件都齊備，只差一個的時候，事實幾乎是先存的。在這個例子中，所差的唯一條件就是計數和作這比較的行動。但是，決定結果的還是這幾顆星（一旦我們考慮這幾顆星時）本身。計數絕不會改變它們的原來性質，既然它們的性質和位置都不變，我們的計數絕不會產生不同的結果。因此，我們**永遠**會提出這個計數。這個數字七是**永遠**不能懷疑的，**即使有人提出這疑問的話**。

這裡似乎有一點矛盾。一方面，我們的計數不可否認地帶來某種東西，是原來所沒有的，另一方面，這東西又**一向是真的**。在某種意義上，你創造了它，在另一種意義上，你**發現**了它。但是當你認真地考慮這問題時，你不能不把你的計數當作原來就是真的。

因此，這些顆星的屬性必須永遠被稱為是真的；但儘管如此，它們還是我們的理智對事實世界所賦予的真正的增加。不僅僅是意識上的增加，也是「內容上」的增加。它們不摹寫任何原有的事物，可是符合原有的事物，適合它、擴大它，把它與「北斗七星」、「計數器」等等相關連結起來，以充實建構其內容。我覺得，只有人文主義的理論才真正正確地建立起這一事實，而這一事實正代表著其他無數的事例。也許雖然聽來奇怪，在所有這一類的事例中，我們的判斷確實可說是追溯過去和豐富過去的。

無論如何，我們的判斷透過它們所導致的行動，確實能夠改變**未來**現實的特質。但談到那些表達信賴的行為時，例如信賴某人是誠實的，信賴我們的健康是夠好的，或者信賴我們能夠透過努力而獲得成功等等，這些信賴行為可能是這些被信賴事物變成真實的必要前提，泰勒教授說㉑，我們的信賴，無論如何，**在我們表示它的時候**（也就是在行動之前），**是不真的**；而且我好像記得，他把一個人信賴宇宙的偉大（無論如何，這將使信賴者在宇宙裡的作用更偉大一點），說成是一種「靈魂上的欺騙」。但我們絕不應為了他這種憤激的說法，就不去看事實的複雜性。我懷疑泰勒教授本身真的把這些信賴者當作「騙子」。事實上，在這些情況中，未來和現在是混在一起的，個人永遠能夠運用假設的形式來避免欺騙。但泰勒先生的態度表示有這樣荒謬行為的可能，我覺得可以很好地說明，把真理當成只是記錄某一個固定之物的這種觀念，是多麼地愚蠢。理論上的真理、被動摹寫的真理、單純為了摹寫的興趣所追求的真理，不是因摹寫**對某物有何好處**，而是因為摹寫絕對（schlechthin）是應該的，如果冷靜地看，這種理想簡直是一個荒謬的理想。因為，本來就存在的宇宙，為什麼必須還有副本存在呢？而且怎麼**能**摹寫得像其客觀完整那樣可靠呢？即使能夠，又為了什麼目的呢？他們會說：「即使是你的頭髮也被數過了。」的確，事實是如此；但是，以一個絕對命題來說，為什麼我們必須把這數目也當成是被摹寫和被確認的呢？認識當然只是與現實相互作用並增加其效果的一種方式而已。

這裡，反對者會問，「難道真理的認識，除了它可能帶給我們的附帶利益之外，本身就沒有任何實質價值嗎？如果你承認有理論上的滿意存在，它們不就把那些附帶的滿意都擠乾淨了嗎？如果實用主義也承認它們的話，實用主義不也就破產了嗎？」但是，只要我們具體地、而不是抽象地用這些字眼，只要我們站在真正實用主義者的立場來問，究竟這些著名的理論性需要所指為何，這些理智性滿意包含些什麼，他們這些破壞性言論就不攻自破了。

難道它們不都只是關於**一致性**（consistency）的問題嗎？而且肯定不是在絕對實在和它在我們心裡的副本之間的一致，而是在我們本身可經驗的世界裡，在心智自身可體驗的世界中的判斷、客體以及我們的反應習慣之間，所體驗到的一致嗎？我們發展心智**習慣**，而習慣本身在一個所有同類事物都按一定「規律」經常發生的環境裡，乃是一種適應環境且有利於自己的反應，我們需要這種一致並愛好這種一致，難道不都可以想像為前述自然事實的結果嗎？假使是這樣，我們首先知覺到的，一定是習慣的附帶利益，而我們的理論生活則是後來產生，以輔佐這些附帶利益。事實上，也很可能就是這樣的情況。在生命之初，如果那時有「真」這個字的話，任何暫時的知覺都可能是「真」的。以後，人類的反應逐漸組織了起來，那時的反應是真是假，就看它們能不能滿足我們的期望；能滿足我們的期望的，就是「真」的反應，要不就是「假」的。但是因為同類事物都要求同一類反應，因而必然逐漸建立起一種一致反應的衝動，凡是結果違背我們期望的，我們就感到失望。對於我們一切更高級的一致，這是一個完全說得通的基本道理。在今天，如果某一事物要求我們一種反應，在我們習慣上只是適用於相反一類事物的話，我們在思想上就不能順利地加以接受。這一個情況也就是我們在理智上認為不滿意。

因此，理論性真理是屬於我們思想**內部**的一種東西，是我們思想上的某些過程和事物、與另些過程和事物的一致——「一致」在這裡是可以明確定義的一些關係。假定我們理智上真的是高度組織起來的話，只要我們感覺不到這種「一致」的滿足，儘管我們覺得在我們所相信的事物中有些怎樣的附帶利益，也都是微不足道了。但事實是，我們大多數人都沒有在理智上真正地高度組織起來；對他們來說，只要他們習慣的思想與陳述，和他們所接觸到的、有限的感覺世界之間沒有劇烈的衝突，這樣的一致就足夠使他們滿意了。因此，大多數人認為應該達到的理論性真理，不過是獲得一套與它們的主詞並不顯著矛盾的謂語而已。我們往往將別的謂語和主詞擱置一旁，用這個辦法來保存這種理論性真理。

但有一些人就是偏好理論，一如另一些人偏好音樂一樣。他們追求內部統一的形式，遠遠超過附帶利益的範圍。他們淨是建立系統、進行分類、制作簡圖、畫一覽表和發明那些理想的事物，一切只為了偏好統一。對這些發明家來說，他們的結果固然好像充滿著真理，但是由旁觀者看來，往往太個人化、做作得可憐。這也就是說，在真理問題上採取純理論的標準，和採取別的標準是同樣不可靠的，儘管那些絕對主義者自吹自擂，事實上也跟被他們攻擊的人同樣處於困境。

我非常感覺到這篇文章太雜亂了，但這整個題目是歸納性的，嚴格的邏輯並不適用。最困難一點是我的反對者竟沒有一人提出具體的方案。這裡，在結束本文之前，我要把我所認為人文主義的幾個要點重複介紹一下，也許對讀者有所幫助。這些要點包括：

㈠一個經驗，無論是知覺上的還是概念上的，要成為真，必須與實在相符。

㈡人文主義所謂的「現實」，只是指某個目前經驗可能與之在實際上混合的其他概念性經驗或知覺性經驗。

㈢人文主義所謂的「符合」，乃是以使我們在理智上和實際上得到某種滿意結果的方式來進行斟酌（taking account-of）。

㈣所謂「斟酌」和「滿意」，因為實際上要達到這些要求，可有各種各樣的方式，所以難下確切的定義。

㈤籠統地說，所謂「斟酌」一個現實，乃是指予以保存而盡量地不改變它的形式。但要這樣而又使我們滿意，必須不抵觸這一現實以外的現實，這些現實也同樣要求我們加以保存。所以，盡可能保存一切經驗，並在所保存的經驗裡盡可能減少一切矛盾，這大致可算是「斟酌」和「滿意」這兩個名詞暫時最好的定義。

(六)一個與現實相符合的經驗，它所包含的真理可能對這原來的現實是個明確的增加；我們未來的判斷可能就必須與它符合。但至少從實際的意義上說，我們這個增加，可能原來就是真的。按照實用主義的看法，實際的真理和現實的真理是同一回事；也就是說：只要有人問起這個問題的話，答案只可能有一個。

註釋

①重印自 *Mind* 第十三冊，N. S., p.457（October, 1904），只稍微做文字修正。一些插入的段落取自 *Mind* 第十四冊中的另一篇文章 Humanism and truth once more。

②〔Practical 是在個別的（particular）意義上而言，當然不是說結果不是心智上的以及物理上的。〕

③譯註：亞里斯多德在邏輯學上最重要的工作就是三段論的學說。三段論就是一個包括有大前提、小前提和結論三個部分的論證。三段論有許多不同的種類，經院學者給每一種都起了一個名字。最為人所熟知的就是稱為 Barbara 的那一種：凡人都有死（大前提），蘇格拉底是人（小前提），所以蘇格拉底有死（結論）；三段皆為全稱肯定，即AAA，故稱為Barara。稱為Celarent的那一種如：沒有一條魚是有理性的，

所有的沙魚都是魚，所以沒有一條沙魚是有理性的；三段為全稱否定、全稱肯定以及全稱否定，即EAE，故稱為 Celarent。另外還有 Darii、Eerio 等三段論形式。

④譯註：Josiah Royce（1855-1916），美國哲學家，絕對觀念主義（absolute idealism）的倡導者。

⑤譯註：Henri Bergson（1859-1941），法國哲學家，Gilles Deleuze 於一九六六年寫了一本 *Bergsonism*，闡述其關於多樣性（multiplicity）的概念，對於哲學思想具有重大的貢獻。

⑥譯註：Darius Milhaud（1892-1974），法國作曲家、鋼琴家。

⑦譯註：Jules Henri Poincaré（1854-1912），法國數學家。

⑧譯註：Georg Simmel（1858-1918），德國哲學科班出身，後成為社會─文化大理論家，形上學、歷史哲學、社會學、倫理學、美學均多有建樹。雖未形成一個學派，但其思想「飄到四方，消散於他人的思想中」。

⑨譯註：Ernst Mach（1838-1916），德國物理學家與哲學家。

⑩譯註：Heinrich Hertz（1857-1894），德國物理學家，聲波頻率單位就是以他的名字來命名。

⑪譯註：Wilhelm Oswald（1853-1932），德國化學家，一九〇九年以對催化作用、化學平衡與反應速度的研究獲諾貝爾化學獎。

⑫如果在這裡「單純」的意思是否定所有實用主義者思想的具體性，那我不認識任何「單純的」實用主義者。

⑬我無法克制想要使用遠離哲學領域的引述，來說明人文主義者與理性主義者在心智氣質上的對比，底下對德雷福（Dreyfus）「事件」（譯註：一八九〇年代法國軍事當局對猶太籍軍官A．德雷福的誣告案，要求重審德雷福斯案件的社會運動廣泛開展，法國社會分裂為德雷福派和反德雷福派兩個陣營。民族主義右

翼份子企圖藉以推翻共和政府。鬥爭極為激烈，並與反猶太主義、反教權主義和反共和主義等活動聯繫在一起。）的評述是由一位沒有聽過人文主義或實用主義的人所寫的。（底下原文為法文，感謝王榮麟博士的指導）「和『大革命』一樣，這個事件從此是我們的起源之一。如果它沒有讓深淵打開來，至少也讓長期以來潛伏的工作突然變得明朗，靜悄悄地導致我們目前的分裂，一邊是傳統主義的法國（原則的製造者、統一性的研究者、先驗系統的建造者），另一邊是追求實證與自由自在檢驗的陣營，也許這可以稱為革命與浪漫的法國，他們非常重視個人價值，反對為了用拯救國家的理由，銷毀正直的知識，這樣的法國巨細靡遺並綜覽地尋求真理。……杜克勞（Duclaux）無法想像人們會愛其他東西甚於真理，可是在他周圍卻看到很多真誠的人，努力斟酌個人生命與國家理性，這些人向他坦白，不管個人是多麼無辜，單單個人的存在是輕如鴻毛的。這就是信奉古典的人，他們認為整體才是重要的。」*Life of Emile Duclaux*（*La Vie de Emile Duclaux*），by Mrs. Em.D., Laval, 1906, pp.243, 247-248。（譯註：Emile Duclaux〔1840-1904〕，法國微生物學家，巴斯德的同事。）

⑭譯註：Rudolf Christoph Eucken（1846-1921），德國觀念主義哲學家，一九〇八年獲諾貝爾文學獎。

⑮譯註：Rudolph Hermann Lotze（1817-1881），德國哲學家，把自己的觀點稱為目的論的觀念主義（teleological idealism），主張倫理是形上學的基礎。

⑯譯註：Herbert Spencer（1820-1903），英國哲學家，把演化論應用到哲學、心理學以及社會研究上。

⑰第二冊，頁641（原文）。

⑱譯註：John Locke（1632-1704），英國哲學家。主張人應該以自己的理性探索真理，不應服從權威或迷信。

⑲〔屬於現實的心智事物當然也在心智世界之內。〕

⑳譯註：George Eliot（1819-1880），英國維多利亞時代的名作家，其本名是 Mary Ann Evans。

㉑在一篇批判實用主義（如他所認為的）的文章中，載於*McGill University Quarterly*，蒙特婁（Montreal），一九〇四年五月。

4

認識者與被認識者的關係①

The Relation between Knower and Konwn

縱貫整個哲學史，哲學研究的主體與其客體，一直被視為是兩種完全不連續的實體；因此後者出現在前者面前，或是前者對後者的「理解」，被認為是一個矛盾的特質，這特質是所有被發明的理論企圖克服的。表徵性（representative）理論將心智的「表徵」、「印象」或「內容」放入這裂隙中，當成一種中介。常識性理論與這個裂隙保持不接觸，宣稱我們的心智能夠以自我超越的跳躍方式來清除它。先驗論者（transcendentalist）的理論認為有限的認識者不可能跨越，在進行跳躍行動時必須有一個絕對準則。這所有的其間，在我們的有限經驗中，每一種可以讓我們理解這種關係的連結，都被完滿地提出來。認識者與被認識者都是：

(1)經驗自我相同的片段，在不同的脈絡中出現兩次；或者它們是

(2)**實際**經驗的兩個片段，屬於相同的主體，這兩個片段之間，有連結轉折經驗的明確地帶；或者

(3)被認識者是一個**可能的**經驗，如果有足夠的時間長度，其所謂的連結轉折（conjunctive transition）**大概**可以引導該主體或另一個主體。

一直討論某個經驗可以當成另一個經驗的認識者的功能，這與本文的範圍不合。我有一篇文章刊載於*Journal of Philosophy*，一九〇四年九月一日出版，題名為Does consciousness exist?，處理第一類型的知識，我稱之為知覺（perception）。在這種知識類型中，心智對於眼前的客體享有直接的「熟識」。在另一種知識類型中，心智對於不在當下出現的客體有「相關知識」（knowledge-about）。第三種知識類型總是可以在形式上或是在假設上化約為第二類型，因此簡要地描述這種類型可以讓現在的讀者了解我的觀點，且讓他看見神秘的認知關係的實際意義是什麼。

假定我正坐在我位於劍橋的圖書室裡，離「紀念堂」（Memorial Hall）走路十分鐘的距離，我正在認真地想著「紀念堂」。我的心智可能在一開始只有名稱，或是一個清楚的印象，或是一個非常模糊的印象，但是這種印象內在上的差異對於其認知功能並沒有分別。某些**外在的**現象，也就是某些連結的特殊經驗，被賦予到印象中，使其可能成為認識的辦公室。

例如，如果你問我的印象是指哪座建築物，而我不能告訴你是哪一座；或如果無法告訴你方向或引導你走向哈佛Delta大樓；或是如果在你的引導下，我卻不確定我看見的建築物就是我所想的；即使我心智裡的印象在某個程度上與該建築相似，你還是會否認我真的「意指」那座特定的建築。這種情況的相似只會被當成一種巧合，因為這世上同一類的事物彼此相似，因而不會被用來認識彼此。

另一方面，如果我能引導你到達那座建築，並告訴你它的歷史與目前的用途；如果無論我的觀念是多麼不完美，我的觀念確實引導我們到此處，且在這座建築出現時**停止**；如果當我行走時，看見我的印象中的相關事物與所看到的建築的相關事物是符合的，每一個脈絡項目都一一相應；為何在這時候我的靈魂會充滿詩意，一般人也會同意我的觀念，這經驗一定可以被稱為認識了現實。因為我的觀念經歷了相同（sameness）與意向滿足的這種連結性經驗，這經驗進入那個知覺對象中，因此那個知覺對象就等於是我所**意指**的。沒有發生任何衝突，但每一個隨後的時刻都持續並證實較早的一個。

在這個持續證實的過程中，沒有任何超驗的意涵，只有明確地指出感覺到的一些轉折，是由**知覺對象藉著觀念所得到的認識可能包含或表明出來的**。當這些轉折被感覺到的時候，第一個經驗就已經**知道**最後一個了。當這些轉折沒有介入，或可能無法介入的時候，我們無法假裝認識。在後面一種情況中，如果兩端有所相連的話，會由比較差的關係連結——僅僅相似或連續出現，或是只有人「目擊」。可感覺現實的知識因而在經驗構成之內活起來。它是**被製造的**；而且是由在時間中開展自身的關係所製造。當給定某種中介的時候，例如它們朝終點站發展的時候，隨後跟著一個點到另一個點，朝著一個方向進行的經驗，最後當一過程完成的時候，結果是**其始點變成一個認識者，其終點變成一個意指或認識的對象**。這就是認識（knowing）（在這簡單的例子中）之所以能夠成為以某種它者為基礎的認識（known-as）的全部過程，以存在的語彙來說就是其本質的全部。當這是我們經驗的過程時，我們可以自由地說，「在我們心智中」一開始就有終點目標，儘管**在**一開始時並沒有任何東西，而只有一個實際的平面經驗，跟其他經驗一樣，沒有任何自我超越，沒有讓終點來到的奧秘能夠存在的奧秘，也沒有逐步跟隨著其他實際經驗片段的奧秘，也沒有連結轉折的經驗在兩者之間。這就是我們所謂的客體「在心智中」所要表達的意義。任何在心智中更深、更真實的存在方式，我們沒有明確的概念，我們也沒有權力不相信用這種方式所談論的實際經驗。

我知道讀者對這一點會有很多反抗。他可能會說：「即使單純的中介是連續提高滿足的感覺，只能由被認識者**分開**認識者，而我們在知識中所擁有的是一種人與人之間當下的接觸，一種辭源學意義上的『領悟』（apprehension），藉著閃電跨越鴻溝，一種把兩個明確的詞，重擊成一個詞的行動。所有你這些沒有作用的中介，彼此不能企及，也在它們的終點之外。」

這種辯證上的困難，難道不會讓我們想起一隻掉了骨頭的狗，一直嗅著水中骨頭影子的例子嗎？如果我們知道任何更多**其他**（*aliunde*）結合類型，我們可能會把我們的經驗結合當成是一種羞恥。但是無論是在結束於熟悉的相關知識（knowledge-about），無論在個人的認同中透過聯繫詞「是」（is）的邏輯預言，或是其他地方，由連續的轉折加以結合的方式是我們知道的唯一方式。如果在任何地方有更多絕對的結合，它們只能透過這種連結結果，把自身顯示給我們。這就是這些結合**有價值**的地方，這些全都是**我們能夠**藉由結合、藉由連續性**實際地進行意指**。這裡不適合重複洛茲（Lotze）對物質所談論的，**像**某物一樣**行動**就是去**當**該物（to *act like* one is to *be* one）？難道我們這裡不應該說，在一個經驗與現實聚合在同一個事物的世界中，經驗到的連續性就是真正的連續性嗎？在圖畫展覽室中，畫上的鈎子會掛著一個畫上的鍊子，畫上的纜繩會拉著一艘畫上的船。在一個詞語與其明確意義都屬於經驗事件的世界中，如果我們並沒有預備好超越現象的絕對標準，一下子就把整個經驗到的世界否決掉的話，那麼經驗到的連結「絕對」就是真正的連結。

這就是認知關係的基礎，把知識建構成概念類型，或是形成「關於」一個客體的知識。當觸及可感覺的知覺對象（亦即客體）時，它以連續發展的進程與最終會實現的中介經驗（可能的或實際上的）為主要內容。在這裡，知覺對象不僅僅**查核**概念，證明其認識該對象為真的功能，知覺對象的存在就是中介之鏈的終點站，**創造**了這個功能。無論是什麼東西終止了中介之鏈，它現在證明它自己就是概念「在心智中所出現的」東西。

這種認識對人類生活有極大的重要性，因為認識別的經驗的經驗，能夠以**表徵**的方式來進行指涉，這並非是在任何類似神奇的「認識論」意義上來說的，而是明確、實際感覺到在不同的運作中作為其**替代物**，有時候是物理上的運作，有時候是心理上的運作，都會引導我們到達其關連事物與結果。以我們對現實的觀念來進行實驗，我們可以省下以真實經驗進行實驗的麻煩。這些觀念構成相關連的系統，與現實構成的系統一點一點地相對應；用一個理想的詞彙來系統地回憶起其相關事物，當我們在現實世界進行操作時，我們就能被引導至一個終點站，正是那對應的真實詞彙所引導的。這一點使我們進到關於替代（substitution）的一般性問題。

在一個眾多經驗的系統中，所謂其中一個經驗「替代」了另一個經驗，其明確的意思是什麼呢？

根據我的看法，整體性經驗是一個時間中的過程，其中有無數的特定詞彙失效，被其他以轉折（transition）方式跟隨著的詞彙所取代，這些轉折在內容上無論是轉折的還是連結的，本身就是經驗，而且在一般的層面上，至少與它們相關的詞彙都被當成同樣真實。這被稱為「取代」（superseding）的事件所表明的性質，全都依賴獲得什麼樣的轉折種類。某些經驗僅僅廢除前任經驗，而沒有用任何方式繼續下去。其他經驗會增加或擴大它們的意義、貫徹它們的目的，或是帶領我們接近它們的目標。它們「再現」它們（前任經驗），而且能夠完成功能，甚至比單獨完成的功能要更好。但是在一個純粹經驗的世界中，我們只能用一個可能的方式來認識並定義所謂的「完成功能」。在這樣的世界中，雖然轉折與到達（或是終結）有很多種方式發生，它們是唯一發生的事情。一個經驗唯一能執行的功能，就是引導到其他的經驗中；我們所能說的、唯一的完成就是達到某種經驗的盡頭。當一個經驗引導（或能夠引導）到別的經驗所引導的同樣盡頭，在功能上它們是一致的。但是經驗的整體系統是當下給定的，以一個半混亂（quasi-chaos）的樣子呈現自身，透過它我們可以在很多方向上越過一個最初的詞彙，而在同樣的終點結束，在眾多可能的徑路上由一個終點到下一個終點進行移動。

在這些路徑中，某一個路徑可能在功能上是另一個路徑的替代品，某個路徑跟隨著其中一個路徑而不是別的，可能在必要時是有利的事情。事實上，在一般的方式中，穿越概念經驗的路徑，也就是穿越那些「認識」讓它們終結的事物的「思想」或「觀念」，是最有利的路徑。它們不僅會導致難以想像的快速轉折，而且由於它們經常具有「普世的」特徵②，並有能力在大系統中彼此連結，它們超越事物本身遲緩的連貫性，帶著我們飛向最後的終點，比我們跟著可感覺的知覺還要省力。思想徑路所製造的新捷徑是多麼地美好。大部分的思想徑路確實不能替代任何實際事物；它們終止於任性的想像、烏托邦、虛構或錯誤中，全都是現實世界之外的。但是當它們真正地再進入現實並終止於現實時，我們總會把它們替代掉；有了這些替代，我們會度過更多的時間。③

無論誰感覺到他的經驗是某種替代性的東西，可以說它的經驗超越了本身。在這經驗自身的實體內，它表達的東西是「更多」的，且陳述了存在其他地方的現實。

超驗主義者以穿過「認識論鴻溝」的致命一躍（*salto mortale*）來掌握認識，對他們而言，這種觀念的呈現並沒有困難；但是在一開始看起來好像可能與我們的經驗主義不一致。難道我們沒有解釋過，概念知識是由處於認識經驗（透過中介經驗以及透過實現的終點）本身之外的存在事物，所完整建立起來的嗎？

在這些元素建構其存有之前的知識，已經來了嗎？如果知識並不在，客觀的推論如何產生呢？

這個困難的解決之道，就在區別被驗證並被完成的認識，以及在進行轉折中的認識。回到紀念堂那個例子，只有當我們對該建築的觀念確實地結束在知覺對象上，讓我們「確定」知道，由一開始就真正地認知到**那個**。認識的品質在過程結束之前，都是值得懷疑的；結果可以顯示認識真的存在。在知覺對象發揮追溯證實力量、讓我們確定我們是確實的認識者之前，我們都只是**虛擬的**認識者。正如我們一直都是「必然一死的」，因為那不可避免的事情來到時，就會讓我們如此。

現在，我們絕大部分的認識都沒有超過這個虛擬階段。它從來沒有完成或固定下來。我不只是說我們無法知覺的觀念，例如乙太波或分裂的「離子」，或是像我們鄰人心裡想的內容；我也說那些只要我們不厭其煩就可以證實的觀念，我們在知覺上尚未終結前就信以為真，因為沒有事物向我們說「no」，眼見所及沒有任何矛盾的真理。**持續百分之九十九沒有被挑戰的思考，是我們對完整認識的實際替代品。**當每個經驗由認知轉折運作到下一個經驗，而且我們感覺不到任何與我們在其他地方認識的真理或事實有所牴觸，我們就認真投入當前的經驗中，好像安全的港口。我們一直活在不斷前進的波峰的前沿，而且我們對於往前落下的明確方向有所感知，將會確保我們未來的道路。就好像應該意識到微分商數，並把它當成一個描繪清楚的曲線的適當替代物。

我們的經驗，尤其（*inter alia*）是具有各種不同的速度與各種不同的方向，而且處於這些轉折中，多於進入旅程的終點。傾向的經驗就足夠讓我們行動——即使完成了證實，我們所能做的會比**已經做了的**更多嗎？

這是我身為一個基進實徵論者的人所說的，客觀的參照（reference）是我們的經驗一個極壞的特質，牽涉到一個鴻溝和一個致命的跳躍。一個正向連結的轉折不會牽涉到鴻溝或致命的跳躍，是我們用連續性來表達的內涵的起源，當它出現時都會呈現一個連續體。事實上，我們的眾多經驗是不充分的而且包含過程與轉折，客觀的參照是這個事實的一個偶發事件。我們經驗的範疇沒有比我們的視野有更多的明確界限，兩者都一直有一個持續發展的「更」（more）作為邊界，隨著生活的進展，也一直被取代。一般而言，這關係和詞彙同樣真實，而就我所能夠同情理解的範圍來說，超驗主義者唯一的抱怨就是我在一開始就已經把知識涵括在外在關係中，然後承認十次有九次的機會，這些知識並非確實的，而只是虛擬的，我把整件事的基礎弄壞了，用一個知識的替代品來誆騙真實事物。這種批評者會說，只有承認我們的觀念是自我超越的且已經是「真實的」；在經驗之前就終止它們，就能夠把堅實的基礎帶回到知識中，進入一個轉折和終結只由例外被履行的世界中。

這對我來說是一個應用實用主義方法的極佳場所。自我超越性確定在所有經驗的中介或終止之前存在的是什麼呢？是以某種它者為基礎的**認識**（*known-as*）嗎？它實際上為我們帶來什麼結果？是真實的嗎？

這只能對我們的方向產生結果，把我們的期望與實際傾向導向正確的路徑；只要我們和客體還沒有面對面（或永遠不能面對面），正確的路徑就是能夠引導我們到最靠近客體之處的路徑。當無法有直接的熟悉時，「相關的知識」（knowledge about）就是接下來最好的東西，熟悉實際上在客體周圍的東西，還有和客體最接近的東西，都讓我們可以掌握這樣的知識。例如乙太波和你的憤怒都是我的思想永遠無法**在知覺上**終結的事物，但是我對它們的概念領導我到它們的邊緣，艷麗的飾邊，並且領導我到那使人痛苦的語言和行動，這正是它們的下一個效果。

甚至當我們的觀念本身具有假定的自我超越性，只要它們讓我們擁有這種效果，它仍然是真的，**這種效果是自我超越性對我們來說唯一的「折現價值」**（cash-value）。這種折現價值當然就是我們經驗主義者按照字面上的意義存入帳戶的。因此，按照實用主義者的原則，爭論自我超越性不過是對詞意的爭執而已。把我們對於外射（ejective）事物的概念稱為自我超越，或是相反的說法，並沒有不同，只要我們不反對那受到讚揚的美德果實的本質——當然，對我們來說這些果實就是人文主義的果實。

超驗主義者相信他的觀念是自我超越的，單單是因為他發現它們並不帶來果實。為什麼他要與堅持命名這個效果的知識起爭執呢？為什麼不把這個觀念的活動，一個個都當成自我超越性的本質呢？為什麼當認識實際上看起來是我們主動生活的一個功能時，堅持把它當成一種固定不變的關係呢？洛茲說，一個東西要是有效的，就是要使它成為有效的。當整個宇宙看起來只讓自己成為有效的，而仍然是未完成的（否則為何不斷地改變？），為何單單認識被排除在外？為什麼認識不應該讓自已成為有效的，就像其他的東西一樣？經驗論哲學家當然和任何人一樣，總是希望認識的某些部分已經是有效的，或是已經被證實了，不需要再爭議。

註釋

①摘自題名為 A World of Pure Experience 的文章，刊於 *Journal of Philosophy, etc.*（September 29, 1904）。

②對於這一點，必須說明它也能夠被當作是功能性的，且用屬於轉折或可能性的詞彙來加以定義。

③這就是為什麼我把我們所有的經驗稱為半混亂，在經驗的總合中有大量比我們想像還要多的不連續性。每個人經驗的客觀核心，自己的身體，確實是一個連續性的知覺；和知覺同樣連續的（雖然我們可能沒有注意到）是身體的物質環境，當身體移動時也以逐漸轉折的方式進行改變。但是物理世界中比較遠的部分總是不在我們面前現身，僅僅構成概念上的客體，我們的生活把自己插入知覺現實的截然分離與相對稀少的點上。真實物理世界的許多客觀核心，是部分分享且通常部分截然分離，無數追求在物理上真實思考的思想家，圍繞著這些核心，探索只在不連續的知覺點上交會、在其他時間都相當不一致的路徑；而在所有共享的「現實」核心的周圍，飄浮著大量、完全主觀的經驗之雲，是非替代性的，在知覺世界中找不到最後的結束——純粹是個人心裡的白日夢、快樂、痛苦和希望。這些東西確實彼此共存，也與客觀的核心共存，但是在它們之外可能永遠無法製造任何一種彼此相關的系統。

5

人文主義的本質①

The Essence of Humanism

人文主義已經是一個「持久不變」的酵母。它並不是一個單一假設或定理，也不詳細論述任何新的事實。不如說它是一個哲學觀點的緩慢轉變，使事物由新的興趣核心或視點中出現。有些作者強烈地意識到這種轉變，另外一些作者雖然自己的看法已經有很多改變，卻只有半意識到。結果在辯論中產生不小的混亂，半意識的人文主義者經常反對徹底人文主義者，好像他們希望站在另一邊。②

如果人文主義真的代表這種觀點的轉變，那麼如果一旦人文主義盛行起來，顯然整個哲學舞台會在某種程度上改變。事物強調的重點，它們的前景與背景的分配、它們的份量和價值，就不會像現在一樣。③如果這樣影響深遠的結果包含在人文主義裡頭，那麼哲學家所受的苦，首先是定義，然後是進一步推動、檢驗或指導它前進，都不是白費的。

目前，它苦於沒有完整的定義。它最有系統的倡導者，席勒和杜威，只發表過一些片斷的綱領；其對許多重要哲學問題的影響，除了敵對者之外，沒有人探討過，這些敵對者先嗅到異端的氣息，大量的打擊像雨點般落在一些學說上，例如主觀主義與懷疑論，而沒有任何人文主義者覺得有必要接受。反人文主義者以他們更利害的保留態度，讓人文主義者感到困惑。他們的爭論經常牽涉到「真理」這個詞。在辯論中真正地認識對方的觀點總是好的。但是當人文主義的批評者使用「真理」這個詞時，從來沒有明確地定義這個詞的意涵。人文主義者不得不猜測，結果無疑地很多都是捕風捉影。再加上這兩個陣營中都存有巨大的個別差異，因此，到了這個階段，沒有比把各自的中心觀點明確定義更重要的了。

無論誰提供稍微嚴格的定義，都有助於我們弄清楚什麼是什麼、誰是誰。任何人都能提供這種定義，如果沒有這種定義，沒有人能夠知道他所站的位置。如果我現在在這裡，提出我自己對人文主義暫時的定義，別人就可以來改進它，某些對手就可以透過對比，來更明確地定義自己的信條，從而可以加速一般意見的具體化。

I

就我體會的情況來看，人文主義主要的功勞在於看見**雖然我們經驗的一部分可以依靠另一部分，使它從幾個方面的任何一個來看，成為現在這個樣子，但是經驗作為一個整體，是自足且不依靠任何東西的**。這個公式也表達了超驗觀念論的主要論點，因此需要充裕的解釋，使它的意義不致模糊。乍看之下，它好像只限於否認有神論和泛神論。但事實上，它不用否認任何一個；一切都有賴於詮釋；如果這個公式變成標準，它當然會發展出右翼和左翼兩類詮釋者。我自己就是根據有神論和多元論來理解人文主義。如果有一個上帝，祂絕對不是一個絕對的全經驗者，而是實際意識範圍最廣大的經驗者。由這個方式來理解，人文主義對我而言就是一個能夠理性維護的宗教，雖然我相當清楚有很多人認為只有用一元論的方式，才能夠用宗教意涵來理解人文主義。由倫理學的角度來看，多元論的形式比我所知的其他哲學更能掌握現實，因為它基本上是一個**社會的**哲學，一種「共」（co）的哲學，由關係連結（conjunctions）進行這樣的作用。但是，我倡導這種哲學的首要理由是因為它有無與倫比的智性節約。它不僅擺脫了一元論慣有的「問題」（「惡的問題」、「自由的問題」等等），也擺脫了其他形上學的神秘與矛盾。

例如，它完全拒絕承認超驗現實的假設，從而擺脫整個不可知論的（agnostic）爭議。它堅持在經驗之內的連結關係是實在無誤的，從而擺脫了布雷德利式對於絕對的需求（對於智性的目的公然是無益的）。它用實用主義觀點來對待知識的問題，從而擺脫了羅伊斯式對於絕對的需求（同樣地無益）。既然人文主義對於知識、現實以及真理的觀點，就是一直被猛烈攻擊的地方，我認為有必要清楚地聚焦在這些觀點上。因此，我將盡可能扼要地把我在這些方面，歸於人文主義的觀點呈現出來。

II

如果上面黑體部分，人文主義的核心論點被接受的話，那麼隨之而來的，就是如果有所謂認識（knowing）這種東西，那麼認識者與被認識的對象必須都是經驗的一部分。因此，經驗的一部分必須如底下之一：

(1)認識經驗的另一部分——換句話說，如同伍德布里奇（Woodbridge）教授所說的④，**彼此互為**表徵，而不是「意識」之外的現實的表徵——這個情況屬於概念性知識。

(2)或者，在一開始的時候，它們必須單純地以眾多終極的**那個**（thats）或事實來存在；然後，作為次級的混雜狀態，任何一個和在經驗中相同的**那個**，必須交替地作為被認識的事物，和作為事物的知識，這是由其在經驗的一般進程中，織入兩種不同脈絡的種類而定。⑤

第二種情況屬於感官知覺的情況。有一個超越常識的思想階段，我現在要多說一點；但是，常識階段確實是思想的暫停之地（halting-place），主要是為了行動的目的；並且，只要我們一直停留在思想的常識階段，客體和主體就**融合**在「呈現」或感官知覺的事實裡——例如我現在**看到**正在寫字的筆和手，**都是**這些文字所指出的物理現實。在這個情況下，認識並沒有意涵任何自我超越性。這裡，人文主義只是一種被磨得比較粉碎的**同一性哲學**（*identitätsphilosophie*）。

相反地，在(1)的情況下，表徵性的經驗在把其他經驗作為認識的對象時，**的確超越自己**。沒有人能夠在用另一個經驗知識談論一個經驗知識的時候，不把它們當成數量上不同的實體，其中某一個在某個方向上，隔著幾個間隔超越了另一個，並且遠離它，以致是可以明確指出來的。但是，如果談話的人是一個人文主義者，那麼他必須具體地、實用主義地看待這個距離間隔，並承認它是由其他中介經驗所組成的——在所有的事件上，即使不是實際上的經驗，也是可能的經驗。例如，我把我當前對我的狗的觀念，稱為對於真狗具有認知作用的，這表示當經驗的實際組織已經構成，觀念能夠在我這部分引導到一連串的其他經驗，一個接著一個，最後在一個跳著、叫著的毛茸茸身體的明確感官知覺中停止。就我的常識而言，那些感官知覺就**是**這真實的狗，這狗的完整呈現。如果這個假定的談話者是一個深刻的哲學家，雖然那些感官知覺可能對他而言並不**是**真實的狗，它們**意指著**真實的狗，是真實的狗的實際替代物，如同表徵是它們的一個實際替代物一樣，真實的狗是一堆原子或心理素材，就在感官知覺位於他的和我的經驗中所在的**地方**。

III

這個哲學家在這裡代表常識階段以外的思想階段；主要的差別是他「插入」（interpolate）又「推出」（extrapolate），而常識並不這樣做。對常識而言，兩個人看到同樣的一隻真實的狗。哲學家注意到他們知覺中的實際差異，指出兩者的二元性，並且在它們中間插入一個比較真實的終點——首先是器官、內臟等等；接著是細胞；然後是終極的原子；最後也許是心理素材。這兩個人的最初感官終點（sense-termini）不是同彼此以及同這真實的客體狗（dog-object）結合起來，如同我們一開始假設的那樣，而是像哲學家所認為的，是由一些看不見的現實所分離，它們最多是同這些現實相連接的。

現在，如果取消一個感知者，那麼插入就變成「推出」。剩下一位感知者的感官終點，被哲學家認為是不完全達到現實的。哲學家認為那個人只是把經驗進程帶到一個明確的、因為是實際上的、暫停之處，這暫停之處是在走向存在於彼岸的絕對真理的路上的某處。

然而，人文主義者從頭到尾一直沒有看到什麼絕對的超越性，甚至是被猜測或相信是關於比較絕對的現實的超越性都沒有。內臟與細胞只是可能的知覺對象，隨著外部身體的知覺而來。雖然我們無法用人的知覺來知覺到原子，原子同樣是以知覺方式定義的。心理素材本身被認為是一種經驗；而且可能形成一個假設（這種假設不能以邏輯來排除在哲學之外），一片心理素材的兩個知覺者和心理素材本身，在我們不完美的認識可能過渡到一個完美的認識類型之時，變成「匯合」（confluent）在一起。即使如此，雖然只是暫時的，而且是作為思想的常識階段，你和我仍習慣地把我們兩個人的知覺，和真實的狗匯合在一起。如果我的筆是從內部有心理素材做成的，那麼在那個心理素材與我對於筆的視覺知覺之間，**現在**就沒有任何匯合。但是我們可以理解這種匯合的可能性；因為，就我的**手**而言，對於手的視覺和內部感覺，姑且說就是其心理素材，現在就已經匯合起來，和任何兩件東西可以達到的一樣。

這樣，在人文主義的認識論裡沒有漏洞。無論人們把知識視為是理想地完美，或僅僅視為在實踐中過得去的足夠真實，它緊緊握住一個連續的基模。現實無論多麼遙遠，總是被定義為在經驗的一般可能性中的一個終點；認識它的東西被定義為一種可以「**再現**」（represent）**它**的經驗，**即是在我們的思考中的替代品**，因為它引導我們向同樣的關連事物，或是一種**透過一連串其他介入或可能介入的經驗來「指向它」**（pointing to it）的經驗。

在這裡，絕對的現實和感覺的關係，與感覺和概念或想像的關係是一樣的。兩者都是暫時的或是最後的終點，感覺僅僅是實踐者習慣停留的終點，而哲學家卻用比較絕對的現實型態投射一個「彼岸」（beyond）。這兩個終點，一個是思想比較實際階段的，一個是思想比較哲學階段的，都是自我支持的。它們都不是其他東西的「真」，它們單單**是**，是**真的**。它們「不倚靠任何東西」，如同我那黑體字的公式所說的。不如說整個經驗結構都倚靠它們，正如整個太陽系系統，包含很多相對的位置，倚靠每一個組成太陽系的星體，以在空間中取得絕對的位置。這裡人們再一次獲得一個新的、多元型態的**同一性哲學**。

Ⅳ

如果我成功地使這一切更為清楚（雖然我怕其中的簡短、抽象會使我失敗），讀者將看到我們心智運作的「真理」，必然永遠是一個經驗之內的事情。一個概念能夠引導到一個感覺上，就能被常識認為是真的。對常識來說，感覺比較是「確實的」（real），而不是「真的」（true），而哲學家認為感覺**暫時**是真的，在它**覆蓋**著（緊靠著或在地位上佔有）一個比較絕對確實的經驗，對一些比較遠的經驗者來說，哲學家在這種可能性中找到相信的理由。

同時，對於任何個別的相信者而言，不管他是哲學家還是一般人，實際上**的確**可以當成真的東西，永遠是他的**統覺**（apperceptions）的結果。如果一個新鮮的經驗，無論是概念上還是感官上的，與我們先前存在的信仰體系嚴重衝突時，百分之九十九的情況下，它會被當成假的。只有當比較老的經驗和比較新的經驗有足夠的一致，可以彼此理解並互相修正時，我們才會當成真理結果的前進。然而，在任何情況下，真理都不需要以我們經驗和某種原型或超驗的東西之間的關係為主要特點。如果我們真的達到絕對終極的經驗，是我們所有人都同意的經驗，沒有繼續下去的經驗來修正它們、取代它們，那麼它們也不會是**真的**，而是**確實的**，它們僅僅**在著**（be），其實是所有現實事物的角度、角落以及制輪楔，其他所有事物的真理都待在它們上面。只有透過令人滿意的連結，而引導到這些**其他的**事物，才會是「真的」。有這種終點的令人滿意的連結，就是「真理」這個詞的所有涵義。在思想的常識階段，感官呈現的樣子就是擔任這種終點的角色。我們的觀念、概念以及科學理論之為真，就在於它們和諧地引導我們回到感官的世界。

我企圖探索看待事物的方式上比較基本的特點，希望眾多的人文主義者贊同我的嘗試。我覺得杜威先生與席勒先生肯定會這樣做。如果攻擊者也多少予以重視的話，那麼進行討論就不致像以前一樣毫無目標。

註釋

①本文重印自*Journal of Philosophy, Psychology and Scientific Methods*，第二冊，第五號，一九〇五年三月二日。

②例如包德溫（Baldwin）教授。他那篇論「選擇性思考」（Selective Thinking）的演講（載於*Psychological Review*，一八九八年一月，也收在他的 *Development and Evolution* 一書中），我認為是一篇很好的實用主義宣言，但是在〈實用主義的界限〉（The Limits of Pragmatism）一文中（見上引書，一九〇四年一月），他（雖然不是很明顯）卻加入對我們的攻擊。

③這種倫理上的改變，我認為杜威教授的系列文章很漂亮地表現出來，這幾篇文章一直到被集結成書才受到注意。我是指：The Significance of Emotions, *Psychological Review*，第二冊，頁 13；The Reflex Arc Concept in Psychology，同上，第三冊，頁 357；Psychology and Social Practice，同上，第七冊，頁 105；Interpretation of Savage Mind，同上，第九冊，頁 217；Green's Theory of the Moral Motive, *Philosophical Review*，第一冊，頁 593；Self-realization as the Moral Ideal，同上，第二冊，頁 652；The Psychology of Effort，同上，第六冊，頁 43；The Evolutionary Method as Applied to Morality，同上，第十一冊，頁 107、353；Evolution and Ethics, *Monist*，第八冊，頁 321；以上只列舉一些。

④見 *Science*，一九〇四年十一月四日，頁 599。

⑤這個陳述對於沒有讀過我的 Does Consciousness Exist? 和 A World of Pure Experience 這兩篇文章的人，可能會十分模糊。皆載於 *Journal of Philosophy*，第一冊，一九〇四年。

6

再論真理①

A Word More about Truth

如果由我在對話中所聽到的內容來判斷，我想要使別人接受我對真理的概念此企圖幾乎是完全失敗的。普通的哲學家會感到沮喪，一個普通壞脾氣的罪人，在受到這樣的待遇後，會咒罵上帝且死去。但是除了感到絕望之外，我努力修改我的立論，企望滴水穿石，希望增加一點東西幫助別人統覺我的公式，使它們不至於那麼模糊。

為了不讓別的實用主義者陷入險境，無論他們是誰，我會用自己的立場來談這個概念。這本書的第一篇文章，我在一八八五年就已經發表了。這篇文章的基本論點，分別在一八九三年以及一八九五年由米勒教授（D. S. Miller）②單獨提出支持，而且我在一八九五年的就職演說〈對事物總體的認識〉（The knowing of things together）③中又重複一次。史壯教授（Professor Strong）在 *Journal of Philosophy, etc.* ④中的一篇名為〈思考現實的自然主義理論〉（A naturalistic theory of the reference of thought to reality）的文章中，把我們的解釋說成「詹姆斯—米勒的認知理論」（the James-Miller theory of cognition），並且如我所了解的，他支持這個理論。然而，在這些哲學奧秘之中，有些東西難以寫得明白，這些受人尊敬的同僚每一個人都私底下告訴我，我現在對真理所提供的解釋對他們而言是不適當的，真正認知的要旨被遺漏了，但是對我而言，我現在所談的不過是把早期的陳述更加完整地呈現出來。如果這些親近的朋友都不同意，我對比較疏遠的人可以期待什麼呢？對於不友善的批評者又能期待什麼呢？然而，我還是確信這些缺陷必定來自我那蹩腳的陳述形式，而非我的學說，因此我樂意嘗試再表達一次。

I

在先前難道沒有一些一般性的特點讓我們的思想一致嗎？史壯教授區分了他所謂的「跳躍的」（saltatory）關係和「流動的」（ambulatory）關係。例如，「差異」是跳躍的，立刻由一個詞跳到另一個詞，但時間或空間上的「距離」，是由經驗中的中介部分所構成，我們透過這個部分進行連續性的流動。數年前，當葛林（T. H. Green）的想法最具影響力的時候，我被他對英國感覺主義的批判所困擾。他的一個門徒總是對我說：「是的！**詞彙**（terms）可能確實來自感覺；但是**關係**呢？難道它們不就是思維能力由上層來接觸感覺的純粹行動嗎？本質上不是比較高級的嗎？」我記得有一天，這段話讓我輕鬆地領悟到**空間**關係無論如何與它們中介的詞彙是同質性的。這些詞彙就是空間，關係是其他的中介空間。⑤對葛林派而言，空間關係是跳躍的，對我而言，他們從那時以後變成流動的。

現在，比較我對知識的觀點與一般受歡迎的觀點（也是大部分認識論學家的觀點），最普遍的方式就是把我的觀點稱為是流動的，把一般觀點稱為跳躍的；而且一般最常用的說明方式，是說我把認識描述為具體的存在，而一般觀點把認識描述為抽象的結果。

我怕大部分不服我的讀者無法認識到，所謂具體中的流動可以抽象地進行，以致於顯得像跳躍的。例如，距離是把具體中介的任何特定東西空虛化，才變成抽象──因此被化約為一個單獨的「差異」，一個「空間」的差異，是一個邏輯上的或跳躍的區辨，一個所謂的「純粹關係」。

所謂「認識」這個關係也是一樣，把一個觀念與一個現實連結起來。我對這個關係的解釋一直是流動的。我說當我們在觀念進行溝通的衝動下移向一個客體時，我們就是藉由一個觀念來認識一個客體。如果我們相信所謂的「可感覺的」（sensible）現實，這觀念可能不僅僅把我們送向其客體，也可能把該客體送到我們手中，使它成為我們當下的感覺。但是，如同大部分具反省能力的人所認為的，如果可感覺現實並不是「真實的」（real）的現實，而只是它們的外表，我們的觀念至少帶著我們接觸到現實最可靠的外表與替代物。無論如何，我們的觀念帶我們到客體的鄰近區域，無論是實際上或理想上的，讓我們與之交易，讓我們可以預見它、分類它、比較它、化約它；總之，如果我們不擁有觀念，我們就不能處理客體。

當以功能的角度來看時，觀念是一種工具，使我們能夠與客體產生更好的**關係**，且作出相關的行為。但是觀念與客體兩者都是整個現實的一般構成的一小片；當我們說觀念引導我們趨向客體時，那只是說觀念帶著我們穿過現實的中介地帶，進入靠近客體的鄰近區域，進入至少是客體相關事物的中間，這些相關事物可能是其物理上的鄰居，或者僅是邏輯上同類的事物。在被帶到比較靠近的區域後，我們在熟悉與行為上處於比較進步的情況；並且我們可以說透過觀念，我們現在更好地或更真實地**認識**該客體。

我的論點是說這裡的認識是由透過中介經驗的流動（ambulation）所**構成**。如果觀念不能引導我們到任何地方，或者是**由**該客體引導出來，而非引導向它，我們還能夠說該觀念有任何認知特質嗎？當然不能，因為它只有在與中介經驗連結，與**該特定的客體**而非其他東西產生關連時才是。那些中介物決定會產生哪一種特定的認識功能。它們引導我們的終點站，就是告訴我們是指哪一個客體，用「證實」或「否決」來提供結果。因此，中介經驗對於認知的具體關係是不可或缺的基礎，如同中介空間對於距離關係的角色一樣。當我們以具體的角度來看，認知表示透過中介事物來決定「流動」，由一個**出發點**（*terminus a quo*）開始，或是趨向一個終點（*terminus ad quem*）。中介事物與終點是不一樣的，且藉由尋常的束縛（「外在的」或邏輯上的特性，即類別的特性）連結這些終點，關於認識的過程看起來並沒有任何特別獨特的東西。它們完全屬於經驗內；我們不需要用我們描述其他自然的過程以外的類別來描述它們。

但是，並沒有任何過程我們不能抽象地思考它們，把它們切除器官直到剩下基本的骨骼或輪廓；當我們如此對待認識過程時，我們很容易把它們當成某種自然界中無可比較的東西。因為我們一開始就把觀念、客體以及中介事物等所有特定內容都空虛掉，只保留一個一般性的基模（scheme），並且我們只考慮後者提供結果的功能，而不再看其為一個過程的特性。在這樣的處理中，中介事物萎縮成分離的單純空間形式，而觀念與客體只維持在邏輯上是分離的兩個端點的這個特徵。換句話說，原來在其具體特性中構成一座橋樑的中介事物，蒸發成想像的、被跨越的空虛間隔，然後端點的關係變成跳躍的，認識論的整個花招就開始了，不受進一步的具體思考所束縛。觀念的「意義」變成是由自身所產生的「認識論鴻溝」所分離的客體，現在執行了雷德教授（Professor Ladd）所謂的**致命一躍**（*salto mortale*）；在認識客體的性質中，觀念「超越」了它自己，客體轉而變成「出現」在它缺席的地方等等；我們之中有一些人認為除非有一個「絕對」否則無法解釋任何東西，這個巨大矛盾直到我們手上保留了基模才得到解決。

因此，觀念和客體之間的關係被認為根本是抽象和跳躍的，從那時起其流動的特質受到反對，越是具體的描述就被認為是錯誤或不足的。中介事物的橋樑，無論是實際上的或是可能的，在每一個真實的例子中執行並定義認識，因而被當成是偶然發生的複雜情況，不需要存在，甚至是潛在地存在也不需要。我相信這個用抽象來反對具體的粗俗謬誤，就是造成我的說法這麼不令人滿意的原因，因此我要再對這個一般性論點多說一點。

任何連結的工具如果其**所有的**個別特性都被抽象化了，留在我們手上的只剩下它原先想要搭起橋樑的不連結狀態。但是為了避免把必然的自我矛盾當成辯證的深刻內涵的成就，我們必須還原被我們拿掉的某些部分，無論是多麼小的部分。在知識論的深淵這個情況中，合理的第一步就是要記得，深淵原來充滿著**某種**經驗材料，無論是觀念構成的還是感覺構成的，這種材料會執行**某種**搭橋的功能，避免我們進行致命一躍。對於我們討論的問題，還原了這不可或缺的少量現實，我們會發現我們的抽象處理真的有用。我們避免了與特殊的例子混淆，也避免同時掉入沒有必要的矛盾中。我們現在可以描述認知的一般特徵，用一個普遍的方式，分辨就整體而言**它為我們做了什麼**。

我們必須記得這個對認識（knowing）的整體探究，是在一個反思的水平上成長起來的。在所有認識的真正時刻，我們所想到的是我們的客體，而不是我們自己在瞬間認識客體的方式。當它發生時，我們在該瞬間為了我們的客體，有了認識本身；但是我認為讀者會同意這個當前對客體的認識，僅僅是藉著預期，抽象地被包括在他想達到的結果中。當他思考時，當他認為在某些別人身上繼續進行時，或是當他由自己的過去回憶起它時，在他的心智前具體存在的，是一些認識所預設的客觀事例。嚴格來說，批評者認為它包含一個觀念與一個客體，以及該認識者由一個被導向另一個的一些過程。他看見該觀念離客體很遠，而且無論是否有透過中介事物，它真的**與該客體有關**。他看見該觀念超越它當下的存在而運作，且掌握住一個遙遠的現實；它跳躍、超越了它自己。它確實藉由外在的幫助進行這一切，但是當這幫助來臨時，它**已經**完成了，而且結果是確切的。為何不就它們本身來討論結果，而不要考慮方法？何不把觀念僅僅當成對現實的掌握或直覺？把它當成無論如何有這種能力、可以迅速移向在景象之後的自然，且立即、直接地認識事物呢？為何我們總是需要架橋呢？——它只妨礙我們討論的進行。

這種抽象討論認識的結果當然很方便；當然也同樣合法，**只要我們不忘記或堅定否認它忽略的事情**。我們可能有時候會說我們的觀念**總是**代表該特定客體，它引導我們到那裡因為它本質上和基本上**屬於**（of）該客體。我們可以堅持其證實過程跟隨著其內在的原始認知優點——以及其他一切優點——並且只要我們知道這些不過是我們思考中的捷徑，我們不會做出有害的事情。**只要它們一直保持如此**，它們確實就是對事實的說明，只是忽略大量的事實地帶，而讓這些說明對於任何確實情況而言都是字面上的真時，這些事實地帶必須讓它們恢復原先的地位。但是，如果不是被動地否認這些中介事物，你主動否認它們⑥對於你喜歡的結果可能是必要的，你的認識論會變得無可救藥的粉碎。你就像迷失在崇拜拿破崙個人權力的歷史學家一樣，遠離事實地帶，忽略他的軍官與軍隊，並控訴你誤把他的征服描述為這些工具的後果。我對於批評我的人的控訴，就是這種抽象化與單邊主義。

在《實用主義》一書中的第二講，我舉了一個松鼠的例子，松鼠為了避免被追逐的人看見，沿著樹幹周圍攀爬：兩者都圍著樹跑，但是這個人真的繞著松鼠跑嗎？我說，這就要看你如何定義「繞著跑」（going-round）了。其中一個字面意義，這個人確實「繞著跑」，但就另外一個意義而言，他並沒有。我用實用主義的方式區別這些意義來解決這個爭議，但我知道一些爭論者把我的區別方式稱為閃爍其詞的逃避，把他們自己對「繞著跑」的立場稱為「清晰誠實的英文」。

在這麼一個簡單的例子，很少人會反對用比較具體的對應詞來翻譯這個受爭議的詞。但是像我們的認識功能這種複雜的例子，他們的意見就會不同。我對我所想到的每一個關於認識的觀念的例子，都賦予具體特定的價值，然而我的批評者堅持「清晰誠實英文的認識」不在我的說法之內。他們寫得好像所有的負面都在我這一邊，正面在他們那一邊。

對我來說，這件事的本質是雖然認識可以用抽象或具體的方式來描述，而且雖然抽象的描述通常就足夠有用，但是他們全部都被吸收到具體事例中，且不包含任何基本上是其他的或更高的性質，是具體描述可以被公平地指控忘記帶走的。認識和其他自然過程是一樣的。如果我們偏好用跳躍的語言，或是用靜止的公式來呈現，無論如何都沒有任何流動的過程，其結果我們無法描述。例如，假設我們說一個人是「審慎的」。具體而言，這表示他有投保、腳踏兩條船、在跳躍前左右張望。這些行動**構成**審慎嗎？它們是這個人審慎的特性嗎？或者審慎是某種自身單獨存在、獨立於這些具體行動之外的嗎？把這個人慣常的行動習慣、持久性的特質抽象化，稱他為審慎，用這種一般性的說法而非特定的意義，且把行動說成是跟隨著這先存的審慎而來，是比較方便的事情。在其心理—身體系統中，有些獨特性使他審慎行動；在我們的思想中有某些連結的傾向，把其中一些獨特性當成是真的，另一些當成錯誤的。但是，如果沒有這些行動，這個人還算是審慎的嗎？如果觀念沒有連結事物或衝動傾向，他們還算是真的嗎？我們當然沒有權力用這種方式的固定本質，來反對它們固定在其中活動的移動過程。

我的臥室就在我的書庫的上面（above）。這裡所謂的「上面」（aboveness）和由一點移動到另一點的具體空間是不一樣的嗎？你可以說它表示一種地形學上的關係，在永恆的本質中的一種建築計畫。但是這並非完整「上面」的意義，它只是一個縮短的替代品，在適當的時刻把我的心思引導到比較真實、也就是更完整的事物上，處理真正的「上面」。它不是一個**先於事物**（*ante rem*）的「上面」，而是由謎樣的「上面」之中**後於事物**（*post rem*）的抽取物。為了某種便利，我們可以用好像這個抽象的基模在運作的方式談話，我們可以說「我必須上樓，因為這個基本的『上面』」，就好像我們可以說這個人「作審慎的行動，因為他根深柢固的審慎」，或者說我們的觀念「真實地引導我們，因為其內在的真理」。但是在其他的場合，這不應該會阻止我們使用比較完整的描述形式。在任何描述形式之下，一個具體的事實總是會有相應之物，就好像當我們說一條線，它就由左至右，由右至左。這些不過是一個相同事實的名字，其中一個在某個時候是有用的，另一個在別的時候有用。認知的**完整**事實，無論我們用什麼方法來談論，甚至是用最抽象的方法來談論時，在經驗的連續統一體（experience-continuum）⑦的確實性與可能性中是不可變更的。但是我的批評者把我具體性的談話當成好像**它**由於不充分而有罪，好像整個連續統一體遺漏了某些東西。

用比較抽象的說法來反對比較具體的說法，最受歡迎的一個方式就是控訴喜歡後者的人「把心理學與邏輯弄混淆了」。我們的批評者說當我們問真理的**意義是什麼**，我們卻只回答如何**到達**真理。但是由於意義是一個邏輯關係，靜止的、獨立於時間之外的，他們說，我們如何能夠用具體的人的經驗來指認它呢？人的經驗在產生的當下立刻就消失了。這個說法確實聽起來很深刻，但是我要挑戰這一點。我對任何表示邏輯和心理學有差異的人提出反抗。在觀念與客體之間，邏輯關係與心理關係的區別，就好像跳躍的抽象性與流動的具體性的區別。這兩種關係都需要心理工具；「邏輯」關係僅僅是由「心理」關係中取出內臟，化約為抽象的基模。

不久前，一個犯人在剛被釋放時，企圖行刺判決他的法官。明顯地，他無時無刻在想著這位法官，把他化約為純粹邏輯上的意義，就是他的「敵人與迫害者」，把提供判決（特定的人在特定的時間中的行動）心理特徵的具體情況（陪審團的聽證、官方的職責、沒有個人的惡意、可能的同情）加以去除。這個判決確實對這名罪犯是不利的，但是，哪一個觀念是比較真實的呢？是純粹邏輯上的定義還是完整的心理過程詳述呢？反實用主義者應該和罪犯的觀點一致，把法官當作罪犯邏輯上的敵人，把其他條件當成不必要的心理素材加以排除。

II

我懷疑在我的主張被接受的路上，還有一個障礙。就像杜威與席勒一樣，我必須說一個觀念的真理是由其令人滿意的情況來決定。但是滿意度是一個主觀的說法，跟觀念是一樣的；而真理一般認為是「客觀」的。那些承認滿意度是我們對於真理的唯一記號、是我們擁有這珍貴事物的唯一符號的讀者們，仍然會說「真理」所指向的觀念與客體之間的客觀關係，是我沒有說明的地方。我也怕我不當使用「相信的意願」（will to believe；對我而言，「意願」一詞應該不在這個討論的範圍中）這個詞，也會有一些聯想引起一些人來反對我。我的對手可能認為我跟那個不乾淨的東西有所私通，而你們真正的真理愛好者必須用赫胥黎式的英雄詩體來論述，且感覺到好像真理，要是真正的真理，應該把最終死亡的訊息帶給我們所有的滿足。這種歧見當然證明了我們討論內容的複雜度；但是對我而言，它們也是來自誤解，這是（雖然成功的把握不大）我企圖用更多的解釋來消除的。

首先，我會要求我的反對者在他們談論到真理必須是絕對、完整以及客觀的時候，精確地定義那是哪一種東西；然後我會反對他們對於真理所顯示的任何可以認識的立足點是在我的描述之外。如同我的主張，它將完全落入我的分析範圍中。一開始，它必須在一個觀念與一個作為觀念的客體的現實之間獲得；並且，作為一個謂語，它必須應用在觀念上而不是客體上，因為客觀的現實並不是**真實的**（true），至少不是在我們目前限定的論述範圍中，因為它們僅僅被認為是**存有的**（being），而觀念被認為對這些現實而言是真實的。但是我們能夠預設一系列的觀念，對同樣的客體能夠連續地、越來越真實，並且可以問最後一個觀念可能趨近絕對真實是什麼情況。

一個觀念中最大的可感知的真理，看起來應該引導我們與該客體有實際的合併，產生完全的相互匯合與認同。在信念的常識水準上，這就是被認為在感官知覺上真正發生的事。我對這枝筆的觀念透過我的知覺印象證實它自己；而且我的知覺印象在那段時間中被認為**就是**那枝筆——知覺印象與物理現實被常識當成是對應的。但是感官的生理學已經批判常識的錯誤，這枝筆「本身」現在被相信是超越了我暫時的知覺印象。然而對於一個完全熟悉現實應該的樣子，一旦被提出來了，就會一直為了思考的目的而被保存下來。**心智與現實的完全合流**會是真理的絕對限制，不可能有更好或更令人滿意的知識了。

不用說，這種絕對的合流**已經明顯地在我的說明中被當成一種可能性來預備了**。如果一個觀念應該一直引導不僅僅是**趨向**（toward）、**達到**（up to）或**反對**（against）一個現實，而是非常靠近讓我們與該現實**融化在一起**，根據我的說法，它這種表現一定是絕對地真。

事實上，哲學家們懷疑這從來沒有發生過。他們認為發生的是我們越來越靠近現實，我們越來越趨近那完全令人滿意的限制；確實地（相對於想像地）完全、客觀的真理的定義，只能夠屬於那引導我們**緊靠客體**的觀念，正如我們的經驗的本質可能達到的，**緊跟**在客體**旁邊**。

現在，假定有一個觀念為了一個特定的客觀現實做了這事。假定不可能有進一步的靠近，沒有東西處於兩者之間，下一個步驟就會把我們帶**入**現實中；那麼，作為一個緊靠著現實、即將與現實合流的東西，這可以讓觀念在最大的程度上為真，我們可以認為這在我們居住的世界是實際可得的。

那麼，我幾乎不需要解釋這一點，**真理的程度也在我對真理的論述中預備好了**。如果滿意是真理出現的標記，我們可以進一步說，任何一個比較不真的觀念替代真的觀念，也會證明是比較不令人滿意的。跟隨這種觀念的引導，我們應該會發現我們不太接觸到終點。我們應該渴望更加接近，而不是一直停留在那裡。

在這裡，我當然認為有一個獨立於觀念的永久現實。我也認為滿意與我們對該現實的接近是**同步**（*pari passu*）成長的⑧。如果我的批評者挑戰後面這一個預設，我會用前面一個來反駁他們。我們的思想已經且一直在領導我們走向連續終點的許多系列，我們對於永久現實的整個概念，就在對這些系列定義理想限度的形式中成長。每一個讓我們不滿意的終點，都是暫時的。比較真的觀念可以把我們推得更遠；所以，我們被終極完全滿意的終點之理想觀念所召喚。我服從並接受這觀念。除了深入終點的這種理想完美的真理觀念之外，我無法想出其他客觀的**內容**，我也不能想像這個觀念會繼續成長，或是這個真的觀念會為了在智識上或實際上獲得較大的滿意，而由錯誤或無用的觀念中挑出來扔掉。我們可以想像一個人完全滿足於一個觀念，以及該觀念和他的其他觀念與感官經驗的關係，卻**不**認為該觀念的內容是對現實的真正敘述嗎？關於真的問題與關於滿意的問題是完全一樣的。你可以把任何一個詞優先放在你的說話方式裡；但是如果你忽略掉**令人滿意的作用或引導**（這是我實用主義說法的本質），且把真理稱為一種靜態的邏輯關係，甚至與**可能的**引導或滿意無關，那麼在我看來你就把自己割離所有的基礎了。

我擔心我仍然非常不易理解。但是我恭敬地懇求拒絕我的學說的人，因為他們不太在乎我那造成障礙的語言，用他們自己的名字告訴我們——確定是非常具體與清晰——他們深深相信的實在、真正且絕對「客觀」的真理**是**如何建構與建立起來的。他們不應該指向「現實」自身，因為真理只是我們與現實的主觀關係。這個關係名義上的本質，其邏輯上的定義，是什麼？是否是人類「客觀」可得的呢？

無論他們會怎麼說，我深深確信我的說明會證明它將被同意，且預期會接受它為所有混合的情況中的一種可能的情況。簡而言之，在實用主義系統的架構之外，在複雜的經驗運作與引導、以及其比較靠近或隱密的終點（看起來我寫得很沒技巧）之外，沒有任何一種等級或類型的真理存在的**空間**。

註釋

①本文重印自 *Journal of Philosophy*，一九〇七年七月十八日。

② *Philosophical Review*，第二冊，頁 408，以及 *Psychological Review*，第二冊，頁 533。

③相關的部分印在前頁 43。

④第一冊，頁 253。

⑤參見我的 *Principles of Psychology*，第二冊，頁 148-153。

⑥這是我所謂「惡意的理智主義」（vicious intellectualism）的謬誤，參見我的著作 *A Pluralistic Universe*（Longmans, Green & Co., 1909）。

⑦認知過程的終極客體或終點站，在某些情況中，可能會超越特定認知者的直接經驗，但是它當然必須以經驗的整體世界的一部分來存在，這經驗整體世界的構成包含認知，是批評者正在進行討論的。

⑧你們願意的話或者可以說不滿意與這種接近是同步降低的。接近可以是任何一種指定好的類型——在時間上接近、在空間上接近或是在種類上接近，一般的說法意思就是「拷貝」（copying）。

7

普拉特教授論真理

Professor Pratt on Truth

I

①

普拉特（J. B. Pratt）教授一九〇七年六月六日刊於 *Journal of Philosophy* 的文章，內容非常傑出，他對於實用主義的錯誤理解，格外需要回應。

對一個實用主義者而言，他主張真理不能夠是一個觀念和一個外在於並超越該觀念的現實之間的關係，而必須依賴「經驗內的整體」，在其中它「不需要參照任何事物來證明有理」——明顯地，根本不需要參照客體。

實用主義者必須「把所有東西化約到心理學中」，而且是當下時刻的心理學。結果他被禁止說，一個最終獲得心理學證實的觀念，在這證實過程完成以前，已經**是**真的；而且只要他相信他願意的話就**能夠**證實一個觀念的話，他也同樣被禁止認為該觀念是暫時性的真。

像這樣的實用主義者是否存在，我不知道，我從來沒有遇過這麼野蠻的人。我們可以隨自己喜歡來定義詞彙；如果是像我的朋友普拉特這樣定義實用主義，我只能與反實用主義者站在同一邊。但是，在他設定這種奇怪的定義時，他並沒有引用我的話；所以，為了避免被一些讀者歸類為這種愚蠢的存在，我要再一次主張我對真理的觀點。

真理基本上是兩種東西的關係，一邊是觀念，另一邊是外在於觀念的現實。這個關係和所有關係一樣，有其**根本基礎**（*fundamentum*），意即經驗狀況（experiential circumstance）的母體，心理上的和物理上的，相關的詞彙牢牢地嵌在其中。在「繼承人」與「遺產」的關係這個例子中，其**根本基礎**就是一個有立遺囑者的世界，而且現在有一份遺囑還有執行的人；在觀念和客體之間的關係的例子中，有一個有某種環境可以進行令人滿意的驗證過程的世界，這過程圍繞在這兩個詞之間與周圍。但是如同在遺囑執行者分財產之前，我們就可以把一個人稱為繼承人，且用繼承人的身分對待他，我們也可以在一個觀念的驗證過程徹底執行（大量驗證狀況的存在已經足夠）之前，把它當成實際上是真的。有很多例子都是用潛在性來說明實際性，我們看不出來為何這裡不能這樣做。我們稱一個人是慈善家，不僅僅因為他已經做了的慈善行為，也為了他預備好做其他的慈善行為；我們說一個觀念是「有啟發性」，不僅是因為它已經使我們清楚某些事情，也因為我們期待它讓我們看清楚晦暗不明的問題。為什麼我們不能同樣信任我們的觀念呢？我們活在充滿信任的環境裡；我們常常使用我們的觀念來召集與當下客體連結的事物，比我們召集當下客體還要頻繁使用。如果我們被我的觀念引導到客體本身，百分之九十九都要透過它到其所連結的事物上。所以我們持續減少驗證過程，相信我們的信念可能是足夠的。

我現在要說，那**建構**被認識為真理的**關係**的東西，正是**在根本基礎的經驗世界中的存在，這根基屬於圍繞在客體和觀念的狀況**，而且那建構的東西準備好走捷徑或全程橫越。只要它存在，且在客體和觀念之間可能有令人滿意的通道走向它，那個觀念對於客體就**是**且將**已經是**真的，而無論是否有完整發展的驗證。客體的性質、場所和各種關係，以及觀念的性質與連結傾向，當然都在使這特定的通道成為可能，扮演重要的角色；所以認為真理可以完全落在思考者的個人經驗中，且純粹是某種心理上的東西，是個荒謬的觀念。真理關係是在觀念與客體**之間**尋找，而且牽涉到兩者。

但是如果我正確地了解普拉特先生的話，就「理智主義者」的立場而言，雖然我們可以使用這個**根本基礎**，這個大量遊走兩邊的經驗，來**測試**真理，然而這真理關係本身仍然是某種分裂的東西。用普拉特先生的話來說，它僅僅表示「這簡單的東西作為一個人正想起的客體，如同一個人對它的思考」。

對我而言，「如同」（as）這個詞代表的關係，帶著整個「認識論的」負擔，一點都不簡單。最快的建議就是該觀念應該**像**這個客體；但是我們大部分的觀念是抽象的概念，與它們的客體幾乎完全不相似。因此我必須說，這個「如同」必須常常用功能的角度來詮釋，如同的意思是觀念將領導我們到經驗的某些部分，**如同**客體所做的一樣。經驗一直在引導，而客體和我們對客體的觀念可能會引導到同樣的目標。在捷徑的例子中的觀念，我們再三地用它們來**替代**它的客體；而且我們習慣性地免除驗證每一個觀念，好像一列駛過我們心智的火車，因為如果一個觀念的引導**如同**客體所做的，我們可以用普拉特先生的話來說，在客體**如同**我們所想的範圍內，觀念就足夠是真的。

普拉特先生無疑會接受大部分的事實，但是他會否認這些事實就是實用主義。當然，每個人都有定義的自由；但是我自己從來沒有遇過和我的描述不一樣的實用主義真理觀；而且由於我比我的朋友更早使用這個詞，我想它應該有優先權。不過我懷疑普拉特教授的爭論，並非僅僅是關於我們為了被稱為實用主義者所想到的東西。我確定他所相信的真理關係，有某種比我所謂的**根本基礎**所能解釋的還要**多**的東西。他認為可以用來測試真理的狀況的母體，不能用來發現真理關係本身（*in* *se*），因為那是超驗的、「跳躍的」。

好吧，讓我們有一個客體和一個觀念，假設後者為前者是真的——就像你想的那樣永遠和絕對地真。讓這客體「如同」這觀念所想的，好像它可能讓某種事物「如同」另一個事物一樣。我現在正式地要求普拉特教授告訴我們，這個「如同」（'as'-ness）本身存在於什麼事物之中（*consists in*）——因為它對我而言應該存在於某種可以指定、可以描述的東西裡，不會一直是個秘密，我答應如果他能夠指定任何確實答案，是我在本文稱為經驗的**根本基礎**所指涉的東西無法成功說明的，我就會承認我是愚蠢可笑的，而且再也不會出版任何關於真理的文章。

II

普拉特教授在一本書②中回到這個主題的指控，其清晰度與脾氣良好值得取代其他所有反實用主義的文章。我希望如此，因為其作者承認所有**我的**基本爭論，只把我對真理的解釋當成是席勒和杜威的實用主義的**修正**版，而席勒和杜威的實用主義被他稱為是「基要派」的。就我對杜威和席勒的了解，雖然我們的敘述模式不同，我們的觀點完全一致；但是我不對朋友進行反駁，在生活中就已經有很多麻煩了，所以我決定暫時放棄對普拉特教授好意的詮釋進行反駁，雖然認為那是完全錯誤的。我對我自己的回覆會很簡短，因為我只喜歡考慮基本的問題，普拉特博士的整本書並沒有提出比我在本文中的第一部分有更多的探討。

他一直重複那個「如同」程式，好像那是某種我和其他實用主義者否認的東西③，然而，我只要求那些堅持那個「如同」程式所作的比說的還要重要的人，詳細說明它，告訴我們它所包含的重要性是什麼。我自己熱切地同意說，一個觀念要是真的，客體必須「如同」該觀念所宣稱的，但是我認為這種「如同性」（'as'-ness）的意義就是觀念的可證實性。

現在，由於普拉特博士不否認我所提出來的證實「作業」（workings），只堅持說它們並不能作為真理關係的**根本基礎**，看來我們似乎沒有什麼不同，我們之間的爭論僅是可用性與可證實性在「真實性」（trueness）這個概念上有多根本——「真實性」是普拉特博士用來表達真的觀念的如同性（as-ness）特徵。我堅持如果沒有參照觀念這部分進行具體作業的可能性，那麼「如同性」或「真實性」這兩個概念沒有意義。

舉一個沒有可能的作業的例子。假定我有一個觀念，我把它叫作「skrkl」，同時宣稱它是真的。現在誰可以說它是「**假的**」？難道在宇宙未明的深處裡，沒有某種客體與「skrkl」一致，並且具有普拉特博士所謂的「真實性」特性？另一方面，誰可以說它是「真的」？難道有人可以把手放在某個東西上，然後說它正是我用那個詞所說的東西？有人說我說的詞完全與其他現實無關，只是我心理的事實，沒有任何認知功能，誰能夠反駁他呢？這三種情況必定有一個是對的。因為如果它不是沒有相關的（或沒有認知功能），應該有某種客體就是它所指涉的。假定有這樣的客體，根據普拉特教授的說法，「skrkl」是真是假，並不依靠任何中介情況來決定。真或假現在甚至是即刻地、絕對地且肯定地存在。

另一方面，我要求建立某種宇宙環境，而不是只有不相干的說話而已。④那麼，我首先說除非在「skrkl」和**那個**客體之間有某種自然的徑路，與宇宙中的其他所有徑路是可以分別出來的，否則即使其指涉的可能性都不存在。

我還想進一步說，除非它有**跟隨該徑路的傾向**，否則並不能構成其指涉該客體的**意向**。

最後，我說除非這徑路滿是挫折或鼓勵的可能性，提供某種終點的滿足或矛盾，否則根本就不能建構其與該客體的**一致或不一致**，或是建構所謂真實性（或如偽性；falseness）所包含的如同性（或非如同性；not-as-ness）。

我想普拉特博士應該不要只是重複「真實性」這個詞，來回答我的問題是否根本沒有某種關係的**建構**像這個一樣重要。徑路、傾向、證實或矛盾的進展，不需要完全被經驗到，但是，如果這宇宙沒有在其可能性中包括它們，我看不到有什麼**邏輯素材可以定義**我的觀念的真實性。但是如果它有包括它們，單單它們就已經是所需要的邏輯素材。

普拉特博士認為在觀念中，抽象的真實性比具體的可驗證性更重要，我對他這個觀點感到困惑，我希望他可以進一步解釋。它確實比驗證優先，但是這正是我先前所爭論的可驗證性，就好像一個人的「不免一死」（這不是別的，而是其死亡的可能性）優先於他的死亡，但這並不是說所有的可能性，對其相關的事實的抽象優先性，就是這個頑固的爭論所討論的。我想可能普拉特博士只是模糊地思考一些應該是更具體的東西。一個觀念的真實性，必然表示**某種明確的東西**，**會決定其作用的傾向**，而且確實是傾向這個客體而不是另一個。無疑地，在觀念中有這種東西，就好像有某種東西在人身上，可以解釋其死亡的傾向，而在麵包身上也有某種東西可以解釋其滋養的傾向。這種某種東西是什麼，是真理心理學所告訴我們的：觀念有其特定的關連事物，是運動的也是觀念構成的；在它的地方藉著它的本性，它會呼喚這些東西一個接著一個活動起來；它們序列地出現，就是我們所謂的觀念的「操作」。根據它們的本質，觀念的真實性或如偽性就明朗了。這些傾向仍然有早期的條件，一般來講，生物學、心理學以及傳記文學可以探索出來。這整個自然因果條件的鏈子，產生事物的必然狀態，其中可以發現新的關係（不只是因果關係），或者可以把新的關係導入其中，這類關係就是我們認識論學者所研究的，適應的關係、可替代性的關係、工具性的關係、指涉的關係以及真理的關係。

先前的因果關係雖然可能沒有任何一種認識，不論是真是偽，如果沒有了它們，一旦其傾向被服從時，那因果關係只是讓這觀念是真是偽的初步條件。這傾向必須存在於某種型態中，但是其果實根據具體的發展，可能是真理、謬誤或不相干。它們絕對不是「跳躍的」，因為它們連續地引發其結果，單單是一個接著一個；直到我們的心智看到整個連結序列的最後結果，實際上或潛在的，我們才能確定其認識論上的重要性（如果它有或可能有的話）。真正的認識是在其本身之內，是精細的而不是實質上的，或「就其本身而言」（'as such'），一開始就在觀念之內，不免一死**就其本身而言**就在人之內，滋養**就其本身而言**就在麵包之內。在一開始先有其他的東西，實際上是**為**認識**而產生的**，就這例子而言可能就是死亡或滋養。這某種東西就是第一個詞（是觀念、人或麵包）的「本質」，會啟動各種過程的因果鏈，當完成時就形成一個複雜的事實，我們就賦予最合適的功能名稱。另一個本質、另一個認知操作之鏈；然後就會產生認識另一個客體，或是以不同的方式認識同樣的客體。

普拉特博士好像在控訴杜威和席勒⑤對真理的說法，這又讓我感到困惑，他們允許所相信的客體是不存在的，甚至這樣的相信是真的。他寫道：「由於一個觀念的真理表示該觀念有作用的事實，這事實就是當你說『該觀念是真的』的時候所代表的一切。」「**當你說該觀念是真的**」——這對於你，這位批評者，而言是真的嗎？或對所描述的相信者而言是真的嗎？這位批評者的麻煩看來是來自他毫無關連地使用「真的」這個詞，對實用主義者而言，這表示「對經驗到作用的人而言是真的」。然後這位批評者好像在問：「但是該客體是不是**確實地**（really）真呢？」好像實用主義者一定會在其知識論上投下整個本體論，然後告訴我們什麼樣的現實是毫無疑問地存在。「一次一個世界」在這裡看來是正確的回答。

普拉特博士的另一個麻煩一定要談一下，這是關於客體的「超越」。當我們的觀念已經運作，使我們面對客體，**接下來**「我們跟它的關係是流動的還是跳躍的？」這是普拉特博士問的問題。如果**你的**頭痛是我的目標，「**我的經驗**就由你的經驗開始的地方停止（break off）」普拉特博士寫道，並且「這個事實是非常重要的，因為它把轉折（transition）和完成（fulfilment）的感覺排除在外，而這感覺對於實用主義者對知識的描述是很重要的元素——完成的感覺來自於由最初的觀念到被認識的客體之間的連續性通過。如果當我知道你的頭痛時，這感覺就來了，不過是在「認識論的鴻溝」的我這一邊。這個鴻溝仍然需要被超越」。

當然某天，或是現在在宇宙比較大的生活天地裡，不同人的頭痛可能會變成匯流（confluent）在一起或是「共同意識」（co-conscious）。然而，在此時此地，頭痛真的超越每一個人，而當沒有感覺到時，只能在概念層面來認識。我的觀念是你真的頭痛；這個觀念和我看見你的表情、聽到你的聲音在一起，就能夠適當運作；但是它並不讓我擁有頭痛本身。我仍然還有一段距離，即使一般而言它絕不超越人類的經驗。但是這個「鴻溝」是實用主義認識論在一開始就下好用法的，就是說一定有一個客體與一個觀念。然而這觀念並不即刻跳躍鴻溝，只能一步步地搭橋過去，完全抵達或是接近抵達。如果它搭起了橋樑，由實用主義者進行假設的領域的觀點來看，它能夠被稱為一個「真的」觀念。如果它只是**可能**搭橋，但沒有做，或如果它直接把一座橋拋向它，在實用主義者的眼中，它仍然有普拉特教授所謂的「真實性」。但是如果問實用主義者，當它無法將身體與客體結合起來時，它**真正地**是真實的（really true）還是有**真正的**真實性（real trueness）——換句話說，如果問是否他假定相信的頭痛（假定他假定的思考者）是真的頭痛，或不是真的——這就由其進行假設的論述領域，進到一個完全不一樣的自然事實的世界。

註釋

①本文重印自 *Journal of Philosophy, etc.*，一九〇七年八月十五日（第四冊，頁464）。

② J. B. Pratt: *What is Pragmatism*（New York, The Macmillan Company, 1909）。我已經印行的評論是在一九〇九年三月所寫的，是在本書稍後印行的文章之後。

③前引書，頁 77-80。

④普拉特教授說實用主義者「無意識地偷帶一個屬於制約環境的觀念，來放棄整個情況。這制約環境的觀念決定經驗是否能夠作用，本身不能被認為就是經驗或是其中的任何部分」（頁 167-168）。「經驗」在這裡當然代表觀念或信念；「偷帶」這個表達是最沒有意思的。如果任何認識論者能夠擺脫制約環境，它就是反實用主義者，相信當下跳躍性的確實，不需要任何作業。環境所提供的中介徑路，是實用主義者的解釋最根本的條件。

⑤頁 200。

8

實用主義者對真理的解釋及其誤解者①

The Pragmatist Account of Truth and its Misunderstanders

我在《實用主義》一書對於真理的解釋，繼續遭到不斷的誤解，因此我想做一個最後的簡短回應。我的想法也許應當受到反駁，但是應該要以其適當的面貌被理解，否則沒有接受反駁的必要。當前這些誤解很奇怪地顯示出它們對於實用主義的具體觀點是多麼生疏。熟悉某一個概念的人能夠駕輕就熟，稍微提示就可以互相了解，交談時也不用小心翼翼。看到這樣的結果，我必須承認我們誤以為人們已經準備好進行理解，因此我們使用語言太過粗心。我們不應該表達得太簡略。批評者對每個字竭盡所能地挑剔，拒絕針對我們的精神而非論述的文字。這似乎顯示出他們對整個觀點完全不了解。我認為，這還顯示出反對的第二階段用實用主義常用的句子「新的不是真的，真的不是新的」來表達自己，這是不誠懇的。如果我們說的都毫無新意，為何這麼難以掌握我們的意思？不能全部怪我們說話含混不清，在其他的主題上我們已經讓人了解了。但互相指責是乏味的；就我個人來說，我確信我抱怨的某些誤解，是由於那本通俗的演講錄裡，有關真理的學說被大量其他沒有必然關連的觀點所環繞，所以讀者自然感到困惑。因此，也為了忽略某些明確的警告，我應當受到指責，底下將彌補這些疏忽。

第一個誤解：實用主義只是實證主義的再版。

這似乎是最普遍的錯誤。我們先假定每個人都知道「真理」的涵義，不用多做解釋，在這基礎上，懷疑論、實證論和不可知論與一般的獨斷理性主義是一致的。但前幾種學說主張或宣稱真正的真理、絕對的真理是我們無法達到的，我們必須將就把相對的或現象的真理，當成絕對真理最好的替代品。懷疑論認為這種狀態不能令人滿意，而實證論與不可知論則感到滿意，它們把真實的真理當成酸葡萄，認為對我們所有的「實際」目的而言，現象的真理已經是足夠的。

事實上，沒有什麼比實用主義所說的真理和這觀點相去更遠的。其論點是以前就有的。它對真理的**定義**感到滿意，而在這些其他理論開始的地方停下來。它問：「無論宇宙中的任何心智是否擁有真理，真理的概念在理想上的含意是什麼？」「**如果真的判斷存在的話，會是哪一種東西？**」實用主義提供的答案企圖包括人所能思考到的最完整的真理，不僅包括最相對性的、最不完善的描述，也包含「絕對」真理，如果你喜歡的話。如果真理確實存在的話，問題是它究竟像什麼，這個問題顯然屬於思考探究的領域。它不是關於任何現實的理論，或是關於哪種知識是實際可能的問題；它由整體特定的詞彙進行抽象化，並界定其中兩個之間可能的關係本質。

就像以前的哲學家沒有注意到康德關於綜合判斷的問題，實用主義者的問題不僅如此微妙，很少有人注意到它，甚至現在公開宣揚也不被教條主義者與懷疑主義者理解，卻認為實用主義者在處理完全不一樣的問題。他們說（我引用一位實際的批評者的話）他堅持「人的智慧不能解決比較大的問題，我們對知識的需求確實是虛假的、虛幻的，我們的理性不能把握現實的基礎，必須完全轉向**行動**。」再也找不到比這更糟的誤解。

第二個誤解：實用主義根本上是對行動的訴求。

我得承認，「實用主義」這個詞具有行動的暗示，採用這個詞是個不幸的選擇，它加深了這個誤解。但任何詞彙都不能保護學說免於受到批評者的攻擊，這些批評者看不見我們所探究的問題本質，當席勒博士說觀念有效「運作」時，他們唯一想到的就是觀念在物理環境的直接作用，他們使我們賺錢，或獲得某些類似的「實際」好處。觀念當然會直接或間接地起作用；但是它們也會在心智世界中起不確定的作用。我們的批評者忽略了我們這個根本的洞見，把我們的觀點看成只適合工程師、醫師、金融家以及一般的行動者，這些人需要某種粗糙的世界觀（*weltanschauung*），但是缺乏時間或智慧來研究真正的哲學。它通常被形容為一種典型美國的運動，一種被剪短的思想體系，非常適合街頭上的所有人，他們自然地厭惡理論，想要立刻獲得現金回報。

確實，實用主義精緻的理論問題一旦獲得答案，屬於實際種類的次級必然結果就隨之而來。研究顯示，在稱為真理的功能中，先前的現實並非唯一的獨立變項。在某種程度上，我們那也屬於現實的觀念，也是獨立變項，並且如同他們跟隨並配合其他現實一樣，其他現實也跟隨並配合它們。當他們也成為一種存在，它們部分地再決定了存在物，所以除非觀念獲得解釋，否則整個現實無法完整地定義。這實用主義的學說把我們的觀念當成現實的補充因素，對人類行動打開一個大窗戶（因為我們的觀念是我行動的探究者），也同樣大大地允許思想的原創性。這扇窗戶建立在先前認識論的大廈上，沒有比忽略這座大廈，或是以為實用主義是開始並結束在這扇窗戶上更愚蠢的事。然而這就是我們的批評者最初的一步及其動機，把與行動的關係當成是首要的，其實只是我們次要的成就。

第三個誤解：實用主義者拒絕相信外顯現實的正當性。

根據這些批評者的說法，實用主義者不相信外顯實在，是因為他們把我們信念的真理涵括在可驗證性中，而其可驗證性又被認為是對我們的作用。史托特（Stout）教授在一八九七年十月的《心靈》期刊上，發表一篇值得讚賞且很有助益的文章評論席勒的理論，他認為這種對真理的看法會把席勒導向（如果他真正理解自己學說的後果）一個荒謬的結論，即我們無法真正地相信另一個人的頭痛，即使真的有頭痛。他只能夠「推斷」（postulate）頭痛，因為這種推斷對它是有運作價值的。這種推斷指導他的某些行動，並引導到有益的結果；但是當他充分了解這推斷**只能**（！）在這意義上是真的時候，對他來說，另一個人真的**有**頭痛這件事就停止（或應該停止）是真的了。於是使這個推斷珍貴的條件都消失了：他對同伴的興趣「變成自我興趣的掩蔽型態，他的世界變得冷漠、遲鈍且沒有情感。」

這種反駁把實用主義者的論述範疇變得奇怪地混亂。在這論述範疇內，實用主義者發現某人有頭痛或其他感覺，同時有另一個人推斷這個感覺。當問說在什麼條件下這推斷是「真的」，實用主義者回答說，就那個推斷者而言，其真實性與這推斷的作用所帶給他的滿意程度成正比。這裡令人滿意的是什麼呢？當然是指**相信**那被推斷的客體，也就是說，相信另一個人真實存在的感覺。但是，用史托特教授的話來說，懷疑「讓這世界對他而言顯得冷漠、遲鈍且沒有情感」，那麼不相信這種感覺，對他來說如何（尤其假如這位推斷者本人是一個徹底的實用主義者的時候）令他滿意呢？按照實用主義的原則，在這種情況下不相信是相當不可能的，除非有其他原因造成這個世界的冷漠無情。既然相信頭痛對於實用主義論述範疇中的主體而言是真的，對於其認識論目的已經預設整個論述範疇的實用主義者而言也是真的，為何在那個論述範疇中它不是絕對地真呢？被相信的頭痛是一個存在的現實，沒有現存的心智不相信它，批評者和其批評的對象的心智都不會懷疑！我們的反對者能夠在我們的真實世界中，向我們展示更好品牌的真理嗎？②

關於第三個誤解就談到這裡，這個誤解只是下面更廣大的誤解的一個特例。

第四個誤解：在認識論方面，沒有一位實用主義者是實在論者。

這個誤解被認為來自實用主義的一個說法，即我們信念的真理一般是涵括在它們所帶來的滿意之中。當然滿意**本身**只是一種主觀狀態；因此可以結論說，真理是完全在主體之內的，主體可以因此依照自己的喜好製造真理。真的信念便成了任意的喜好，對於經驗的其他部分完全沒有責任。

這種對實用主義的主張的拙劣模仿實在難以原諒，對於實用主義的論述領域只取一個元素，而完全忽略其他的。這論述領域所包含的詞彙，明確地反對對於已經定義的知識功能，進行任何非實在論的解釋。實用主義的認識論者設定一個現實和一個具有觀念的心智。他問道，什麼可以讓那些觀念對那個現實而言是真的呢？尋常的認識論只滿足於一種模糊的說法，即那些觀念必須「對應」或「符合」；而實用主義者堅持必須更具體一點，追問這種「符合」在細節上的意義。他首先發現這些觀念必須指向或導向**那個**現實，而不是別的。然後，結果這些指向和導向必須令人滿意。到此為止，實用主義者並不比一般不嚴謹的認識論者還要抽象；但是當他把自己定義得更深入，它就更具體。理智主義與實用主義的整個爭論就在於這個具體性，理智主義堅持認為更模糊和更抽象的解釋才是更深刻的。實用主義者認為具體的指向與導向，是現實與心智所屬的同一世界的其他部分的作用，即把各居一端的現實與心智連結起來的那些居間證實的經驗的作用。反過來說，「滿足」完全不是被非特定的存在所感受到的抽象滿足，而是涵括在由具體存在的人，在他們的信念中實際發現的那種滿足（是複數的）中。由於人類是由事實構成，所以我們發現相信別人的心智、相信獨立的物理現實、相信過去的事情、相信永恆的邏輯關係，這都是令人滿意的。我們發現希望是令人滿意的。我們經常發現停止懷疑是令人滿意的。尤其重要的是，我們發現**一致性**是令人滿意的，當下的觀念與我們整個心理裝備的其他部分一致是令人滿意的，包括我們感覺的整體秩序、我們對相似與差異的直覺的整體秩序，以及我們先前獲得的所有真理。

作為一個人，實用主義者一般而言並沒有在我們關於「現實」（他把它當作認識論討論的基礎）的信念之外，想像相反的、更真實的信念，而願意把我們的滿意，理解為對於現實可能確實為真的引導，而非只是對**我們**才為真的引導。實用主義者的批評者有責任明確地告訴我們，為什麼這些滿意作為我們主觀的感覺，就**不**能提供「客觀的」真理？與滿意相伴的信念，透過形成驗證的思想與行動的連續系列，「設定」那預設的現實，與它「對應」並「一致」，且完全明確和可指定方式來「適應」它，因此一味堅持抽象地而非具體地使用這些詞彙，並不能驅逐實用主義者出去——其更為具體的解釋完全把批評者的解釋包括在內了。如果我們的批評者對於比我們所預設的真理，有任何更具客觀基礎的明確觀念，為何他們不更清楚地表達出來呢？他們讓我們想起黑格爾所說的人，想要「水果」卻拒絕櫻桃、梨子以及葡萄，因為它們都不是抽象的水果。我們給他們滿滿一夸脫的罐子，他們卻只要空洞的一夸脫容量。

但在這裡我想會聽到一些批評者反駁道：「如果滿意就是產生真理所需要的一切，那如何解釋這個眾所週知的事實，即錯誤也常是令人滿意的呢？並且如何解釋同樣眾所週知的另一個事實，即某些真的信念可能也會導致最痛苦的不滿意呢？並非信念所帶來的滿意使它成為真理，而是信念**與現實**的關係才是，這難道不清楚嗎？如果沒有這種現實，而滿意仍然存在的話：難道這不是有效地製造錯誤嗎？它們能夠被當成真理的建造者嗎？信念**與現實本來的關係**才提供我們特殊的**真理**滿足，和它比起來，其他所有的滿足都是最虛偽的花招。**真實的認識**所帶來的滿意才是實用主義唯一應該要考慮的。反實用主義者樂意承認實用主義者的那種作為**心理氣質**的滿意，但只是一種真理的伴隨事物，而不是構成要素。構成真理的並非氣質，而是正確認識現實的純粹邏輯或客觀功能，而實用主義者顯然在把這個功能降低到更低的功能上是失敗的。」

這種反實用主義在我看來有點莫名其妙。首先，當實用主義者說「不可或缺的」（indispensable）時，反實用主義者把它和「充分的」（sufficient）弄混了。實用主義者認為滿意對於建構真理是不可或缺的，但我已經多次說過，除非伴隨著導向現實，否則滿意是不充分的。如果假定的現實排除在實用主義的論述場域之外，那麼無論存留下來的信念多麼令人滿意，實用主義者都會直接把它們稱為謬誤。對他而言，如同對批評者一樣，如果沒有真理的對象存在，就不可能有任何真理存在。除非某種被反映的物質賦予觀念認知的光澤，否則觀念只是一種枯燥的心理表層。這就是為什麼作為一個實用主義者，我在一開始就小心翼翼地設定「現實」，以及為什麼在我整個討論中，我一直是一個認識論的實在主義者。③

反實用主義者又犯了一個混淆的錯誤，他們以為我們在向他們說明什麼是真理形式上的意義時，也同時企圖提供一個保證，試圖定義什麼時候他能夠確定在實質上擁有真理。當真理到來時，我們使它連結在如此「獨立的」現實上，當它離開時，真理也隨之消失，這使反實用主義者天真的期望落空，認為我們的描述不令人滿意。我懷疑在這個混淆中藏著一個更深的混淆，就是沒有充分區別真理和現實這兩個概念。現實並不是真**的**，他們只是**存在**；現實**的**信念才是真的。但是我懷疑在反實用主義者的心智裡，這兩個有時候是可以互用的。我怕現實本身被當成好像是「真的」，而「真的」也被當成是現實。於是當他們告訴我們其中一個時，同時也就告訴了我們另一個；一個真的觀念必定以某種方式**存在**（be），或至少在不靠外力之下，**帶來**認知上所具有的現實。

對於這種絕對唯心主義的要求，實用主義只能表示無能為力（*non possumus*）。實用主義認為如果真理存在的話，關於真理的現實與信念必定協力使它產生；但是無論真理是否存在，或任何人如何確信他的信念是有真理，實用主義從來都不能假裝可以決定。那種卓越的真理滿意（truth-satisfaction），也許在其他方面受到令人不滿意的信念的影響，實用主義能夠輕易地把它解釋為，與過去經驗所留下來的先前真理或預設真理，是否有一致的感覺。但是，難道所有的實用主義者都不確定他們自己的信念是正確的嗎？這是他們的敵人會問的問題，且這個問題把我們引向

第五個誤解：實用主義者所說的和他們的說法本身是不一致的。

一位與我通信的朋友是這樣表達其反對意見的：「當你對你的聽眾說：『實用主義是關於真理的真理』時，第一個真理與第二個真理是不一樣的。關於第二個真理，你和你的聽眾不會有爭執；你並沒有因為這個真理的作用令人滿意，或不是為了他們的私人用途，而任憑他們自由取捨。然而第一個真理，應該描述與包括第二個真理，卻肯定了這種自由。所以你表達的**意圖**，似乎與它的**內容**是互相矛盾的。」

一般的懷疑論者也總是收到這種典型的辯駁。理性主義者對懷疑論者說：「當你表達懷疑論的立場時，你必須獨斷；所以你的生活不斷地與你的論點矛盾。」人們可能會想，如此無力的辯駁一點也不能減弱一般懷疑論對這個世界的影響，這可能會使某些理性主義者自己懷疑，是否這種即時的邏輯辯駁，是消除活潑的心智態度的有效方式。一般的懷疑論是一種拒絕最後結論的、活潑的心智態度。它是意志永遠的遲緩，對每一個連續的論點，一點一點地更新自己。你無法用邏輯來消除懷疑論，就好像無法消除固執或惡作劇一樣。這是為何他這麼令人氣惱的原因。一個始終如一的懷疑論者，絕對不會把自己的懷疑表達為正式命題，他只是把它當成一種習慣。當他可以輕鬆和我們一起說是的時候，他卻令人氣惱地猶豫不決，但他並非不講邏輯或是愚昧，相反地，他優越的思考能力常常令人印象深刻。這是理性主義者必須面對的**真正的**懷疑論，他們的邏輯甚至還沒有觸及它。

邏輯同樣不能否定實用主義者的行為：他說話的行動不僅不矛盾，而且精確地為他所談的內容提出例證。他所談的內容是什麼呢？部分地說就是，真理具體而言是我們信念的一種屬性，而這些信念又是伴隨著滿意的態度。伴隨著滿意的那些觀念主要是一些假說，挑戰或召喚信念的來到並作為根據。實用主義者對真理的觀念正是這種挑戰。他發現接受這樣的觀念格外令人滿意，因此就支持這樣的立場。但由於他們都是屬於社會人群的，便尋求傳播他們的信念，喚起追隨者，來影響其他人。實用主義者想，為何**你**沒有發現這樣的信念是令人滿意的呢？於是便立刻企圖說服你。你們的相信就會很類似；你會標榜自己真理的這一端，如果現實同時出現標榜客觀真理的另一端，那麼你所標榜的主觀那一端，就成了客觀、不可變的真理。我自認這裡我看不出什麼自我矛盾的地方。對我而言，實用主義者自己本身的行為，反而極好地說明其普遍公式；在所有的認識論學者中，他也許是唯一在自我一致性上無可指責的。

第六個誤解：實用主義不解釋什麼是真理，只解釋如何到達真理。

事實上，實用主義兩者都有說，告訴我們如何到達真理也就隨著告訴我們什麼是真理——因為**是**被達到的，難道就把什麼是真理排除在外嗎？如果我告訴你如何到達火車站，難道不隱含告訴你那是**什麼**（那棟建築物的存在和性質）嗎？抽象**詞彙**「如何」確實與另一個抽象**詞彙**「什麼」是不一樣的，但是在具體現實的世界中，你不能把這兩者分開來。我發現為何一個觀念為真會令人滿意的理由，我**如何**到達該信念，也許就在這個觀念於現實裡為真的理由之中。如果不是這樣，我想請反實用主義者清楚地解釋一下為什麼不可能這樣。

在我看來，他的麻煩主要源自於他一直不能理解具體的陳述，如何和抽象的陳述有同樣的意義和價值。我前面說過，我們和我們的批評者的主要爭執在於具體與抽象之間的對抗。讓我進一步說明這一點。

就目前這個問題而言，由觀念繼起而來的經驗的連結，在觀念與現時之間進行一種中介的作用，它們構成，且對實用主義者來說確實就**是**，由觀念與現實之間所獲得的**具體**真理關係。他認為它們就是我們所謂的觀念「指向」現實、「適合」它、與它「對應」、或與他「一致」——這些或其他類似的中介證實過程。這些中介事件**使**觀念成「真」。觀念如果存在，本身也是一個具體事件：因此，實用主義堅持認為單數的真理只是複數真理的集體性名稱，這些複數真理總是由一系列確實的事件所構成；而理智主義者所謂任何一個系列的真理，**本有的**真理，只是其行動中的真實性（truthfulness）的抽象名詞，它表示那些觀念確實以我們認為滿意的方式，把我們導向被預設的現實中。

實用主義者本身並不反對抽象。簡單地說，他和其他人一樣依靠抽象，在無數的場合中他發現其相對的空，使它們成為過度飽滿的事實的有用替代品。但是他從來不賦予抽象更高級的現實性。對他而言，真理最大的現實性總是某種證實的過程，在這過程中把觀念與對象真實地連結起來的抽象性質，獲得有效的具體化。同時，能夠抽象地談論它們的屬性，把它們與其作用分開，從而在無數的例子中找到相似處，使它們「脫離時間」，並可以處理它們與其他相似的抽象之間的關係。我們因而建構了柏拉圖式的先驗（*ante rem*）理念世界、潛在的世界（universes *in posse*），儘管它們不能有效地存在，除非在畫謎裡（*in rebus*）。儘管沒有人經驗到，在那裡可以獲得無數的關係。例如，在音樂關係的永恆世界中，安肯・馮・塔羅（Aennchen von Tharau）④的音符，在世俗的耳朵聽到它們的很久以前，就已經是優美的旋律了。即使未來的音樂現在無人知曉，也將會被喚醒。或者，讓我們看看幾何關係的世界，π的小數底下第一千位數沉睡在那裡，雖然沒有人嘗試去計算它。或者，我們看看一個「適合」的世界，無數的外套「適合」背部，無數的鞋子「適合」腳，它們並不是實際上的**適合**；無數的石頭「適合」牆上的裂口，儘管實際上沒有人想要這樣做。同樣地，無數的意見「適合」現實，無數的真理是有效的，雖然沒有思想家想過它們。

對反實用主義者而言，這些先在的非時間的關係是具體關係的預設，並且擁有更深刻的尊嚴與價值。我們的觀念在驗證過程中的實際作用，跟在這些關係中所「獲得」的無形真理比起來，根本沒有任何價值。

相反地，對實用主義者而言，一切無形的真理都是靜止、沒有活力的，相對之下像個幽靈，而完整的真理是充滿活力、能夠戰鬥的真理。如果真理一直停留在基本上沒有時間的「一致性」的貯藏室裡，從未在任何人類尋求證實的奮鬥中具現出來，人們能想像沉默的真理可以被抽象化出來，或得到一個名字嗎？如果這個世界並不存在需要被適合的背部、腳或牆上的裂口，「適合」的抽象屬性當然就不會得到命名。**存在的**（Existential）真理是眾多意見實際競爭後伴隨的結果。**本質的**（Essential）真理，理智主義者的真理，沒有人想到的真理，就像是沒有人穿過的、合適的外套，像是沒有人聽過的音樂。它比被證實的物品還要不真實，而不是更真實；賦予它一個優越的榮耀，看起來不過是一個反常的優越崇拜。一枝鉛筆也可以堅持認為，在圖畫表現中，輪廓是本質的東西，並責怪水彩筆和照相機忽略輪廓，它忘記**它們的**圖畫裡不僅僅包含整個輪廓，還包含了很多其他的東西。實用主義者的真理包括整個理智主義的真理以及很多其他的東西。理智主義者的真理只是**潛在的**（*in* *posse*）實用主義者的真理。在很多情況中，人們的確用**潛在的**真理或可證實性，來替代實際的證實或真理，沒有人比實用主義者更看重這個事實：他強調這個習慣的實際有用性。但是他並不因此認為潛在的真理——即那靜止不動、以致於從未被主張或質問或反駁——是在形上學的層次上先於事物的，對這個層次而言行動中的真理是從屬的、次要的。當理智主義者這樣主張的時候，實用主義者指責它們顛倒了真實的關係。實用主義者認為潛在的真理只能夠**意指**行動中的真理，無論在存有的秩序上還是邏輯的秩序上，行動中的真理處於優先的地位。

第七個誤解：實用主義者輕視理論興趣。

若非在「實用主義」這個詞的語言接近性中、在由於讀者的寬宏大量導致隨便說話的習慣中，找到某種藉口的話，這聽起來就像是一個荒唐的毀謗。當我們談論到包含在其「實際」結果中的觀念的意義，或談到我們的信念對我們造成的「實際」差別時；當我們說信念的真理存在於其「作用」的價值等等；我們的說法顯然不夠謹慎，因為我們所謂的「實際」，幾乎被一致當成與理論或真正的認知**相對立的**，於是人們馬上下結論說，在我們眼中的真理與任何獨立的現實、任何其他的真理，或是任何我們可以據以行動或帶來滿意的東西，沒有任何關係。人們對我們實用主義者的認識論僅限於觀念本身的存在，若其結果是令人滿意的，就能賦予觀念完全的真理，這就是人們認為我們實用主義者的認識論荒謬的地方。把這種無聊的觀念栽給我們，受到兩個其他條件的鼓勵。首先，就狹義上來說，觀念是實際上有用的，錯誤的觀念有時候有用，但是大多數的場合下，我們只能根據其引導的總數來加以證實，這樣被考慮的客體，才能建立起無疑的現實。這些觀念必須先於且獨立於它們的效用來成為真，換句話說，其客體應當實際存在，這是它們具有效用的條件——它們將我們和那些客體聯繫一起，這些客體非常重要，以致於身為那些客體的替代品的觀念也變得重要。觀念的這種實際作用，是讓原始人認為真理是好的主要原因，儘管這種伴隨的效用，被淹沒在真的觀念所具有的其他良好作用中，但它依然存在。

第二個誤導條件產生於席勒與杜威所強調的事實，除非真理與人一時的困境有關，除非它適合於實際的情況——指相當特定的混亂——否則力陳這一點是無益的。在同樣的情況下，它不比謬誤更滿足我們的利益。但是為何我們的困境或困惑不能夠同時是狹隘實際的，又是理論上的呢？我希望我們的批評者們能夠提出解釋。

他們只假定沒有實用主義者**能夠**承認真正的理論興趣。由於對於觀念使用了「折現價值」（cash-value）這個用語，一位通信者懇請我修改它：「因為每個人都認為你指的只是金錢上的得失。」由於說為真是「我們思維上的方便」，我又受到另一位博學的來信者指責：「方便這一詞除了私利之外沒有其他意義。追求這個東西已經以一些國家銀行官員被送進聯邦監獄而告終。導致這種結果的哲學必定是荒謬的。」

但是，「實際的」這一詞習慣被廣泛地使用，所以我們本來期待得到更多的寬容。當一個人說一個病人實際上已經康復了，或一個計畫實際上失敗了，他常常指的是實際字面上的反義。這是指儘管在嚴格的實際中不是真的，但他所說的東西在理論上是真的，差不多是真的，**必定會是**真的。此外，人們常用「實際的」來指與抽象、一般以及遲滯相對立的具體、個別以及有效的東西。就我自己來說，當我強調真理的實際本質時，我心裡所想的主要就是這個。「實用」（pragmata）是複數的東西；我早期在加州的演講，把實用主義描述為主張「任何命題的意義，總是能夠在我們未來無論是主動或被動的實際經驗中，帶來某些特定的結果，」我特意加上這段話：「事實上，這一點不在於經驗必須是活躍的（active），但必須是特定的，」——在這裡，我所謂「活躍的」在狹隘的字面意義上是指「實際的」。⑤但是特定的結果可以完全是理論性質的。我們從觀念所推導出來的每一個遙遠的事實，都是在我們心智實際作用下的特定理論結果。我們舊的意見的失去（當我們看到一個新的意見是真的時候，就必須放棄舊的意見），不僅是一個確定的實際結果，也是一個特定的理論結果。人在自由呼吸的興趣滿足之後，他所有的興趣中最大的一個（因為它從來不會像物理興趣一樣浮動或減退），就是對**一致性**的興趣，對於他現在所想的東西，和他在其他場合所想的東西是相契合的那種感覺。單單為了這個目的，我們毫不疲倦地在真理之間進行比較。當下可能成為信念的候選者，是否可能會和第一個原則牴觸呢？它和第二號事實是否相容呢？等等。這裡的具體運思純粹是邏輯上的分析、演繹、比較等等，儘管一般概念可以隨意使用，候選觀念令人滿意的實際作用，卻存在於每一個特定的連續理論結果和所導致的意識中。所以，反覆說實用主義不注意純粹理論興趣的說法，完全是愚蠢的。他所堅持的是認為行動中的真實性（verity in action）就是證實（*verifications*），而且永遠是特定具體的。甚至在完全理論的問題，他也堅持認為模糊和一般性不能證明任何東西。

第八個誤解：實用主義被囚禁在唯我論之中。

關於這個誤解，我在第三個與第四個標題下已經談了一些，但多談一點可能會更有幫助。這種反對意見喜歡用這樣的話來表現自己：「你使真理存在於其他一切的價值中，除了認知價值之外；你總是讓你們的認識者與其真實客體相隔千里（或在最好的情況下只有一步之遙）；你最多只是讓他的觀念導向該客體；但他始終在他之外」等等。

我想在這裡起作用的酵素，是理智主義根深柢固的信念，一個觀念要認識一個現實必須以某種不可思議的方式來佔有或成為它。⑥對實用主義來說，這種結合並不是根本的。通常我們的認識只是心智失去平衡，而趨向真實終點的過程；這終點的現實是心智所相信的，只有透過更廣博的認識者來加以保證。⑦但是如果在這世界中沒有什麼現存的理由來懷疑他們的話，那麼該信念只能在一切事物以任何方式為真的意義上為真：意即，它們在實際上與具體上是真的。它們不用在**同一性哲學**（*Identitätsphilosophie*）神秘混雜的意義上為真；除了可證實和實際的理由之外，它們的真實性也不需要任何可理解的理由。現實這部分就擁有自己的存在；思想這部分藉由無數的證實路徑，與實在「接觸」。

我怕實用主義的「人文主義」發展可能帶來一些麻煩。我們只有透過其他的真理才能獲得一個真理；現實一直被設定為我們所有的真理必須與它保持接觸，只能以真理的形式而非以我們正在檢驗的形式顯示給我們。但由於席勒博士已經表明，我們所有的真理，甚至那些最基本的，都受到具有人類係數的種族遺傳的影響，因此現實**本身**（*per se*）只能表現為一種限制；它可能被縮小到僅僅是客體的**場所**，被認識的則可能被當成我們用來填滿該場所的心理素材。

我們必須承認，這種按照人文主義的方式作用的實用主義，與唯我論是**相容**的。它通常與康德主義不可知論那部分、當代不可知論以及理想主義結伴相處。但這樣一來，它就成為一種關於現實的形上學理論，遠遠超過實用主義本身關於認識功能的性質的適度分析，這種分析可以非常和諧地與比較不人文主義對現實的解釋結合。實用主義的優點之一，就是它純粹是認識論的。它必須假定現實，但它不對其構成做任何預先判斷，最不同的形上學都可以拿它當作基礎。它當然與唯我論沒有特殊的親近關係。

當我回頭看自己所寫的東西時，我常有一種奇怪的印象，好像顯而易見的東西被說得這麼屈尊，以致於讀者可能會笑我的自負。然而，像我們這樣根本的具體性可能還不是這麼明顯。實用主義的所有原創性、所有觀點，就在於運用具體方式來看事情。它開始於具體性，也返回並終止於具體性。席勒博士只用真理的兩個具體方面，(1)與情況的關連、(2)後續的效用，來解釋具體性。一旦掌握住它，就不會誤解實用主義。具體想像世界的力量**似乎**普通得足夠讓我們的讀者，對我們有最好的理解，雖然我們充滿不適當的表達，讀者可能能夠讀出字裡行間的意義，更正確地猜出我們的思想。可是，唉！這不是命運的安排，所以我們只能像下面的德國歌謠那樣想：

恐怕太糟糕了，（Es wär' zu schön gewesen,）

本來不應該這樣。（Es hat nicht sollen sein.）

註釋

①本文重印自 *Philosophical Review*，一九〇八年一月（第十七冊，頁 1）。

②我在這裡看到一個機會可以搶在別人對我的《實用主義》第三講提出批評之前先採取行動，我在第 96-100

頁中說，只要「上帝」和「物質」這兩個概念沒有演繹出進一步的不同結果，這兩個詞可以被當作同義詞。這段話是我在加州哲學協會（California Philosophy Union）演講時說的，重刊在*Journal of Philosophy*，第一冊，頁673。演講一結束我就感到不妥；但是，之後我一直沒有修改，因為這段瑕疵並不損害它的解說性價值。這個瑕疵在下面一段類似於沒有上帝的宇宙的例子裡更為明顯，我想到我所說的「自動情人」（automatic sweetheart），它指的是沒有靈魂的身體，但又絕對無法與活生生的少女區別，它能笑、能說、會臉紅、會看護我們，而且能得體又甜美地表現出所有女性的特質，好像它有靈魂一樣。會有人把它當成跟真的少女完全相同嗎？當然不會，為什麼？因為如同我們被塑造的樣子，我們的自我主義（egoism）渴求內在的同情與認可、愛與讚美。外在的對待主要是被當作一種表現，一種相信的伴隨意識的展現。由實用主義來看，對「自動情人」的信念並不起作用，事實上沒有人把它當成嚴肅的假設。沒有上帝的宇宙與此完全類似，即使物質可以做出上帝所做的每一個外在事物，對物質的觀念並不令人同樣滿意地作用，因為現代人呼求上帝是因為需要一種能內在地認可他們，並同情地評判他們的存在。物質不能滿足自我的這個渴望，所以上帝就保留下來作為比較真實的假設，並且確實為了實用主義的原因被保留下來。

③我不太需要提醒讀者，感官知覺事物與理想關係（進行比較等等）的知覺事物都應該被歸於這些現實之中。我們心智中大量的「貯藏」由關於這些詞彙的真理所構成。

④譯註：德國民謠曲名，可意譯為Annie of Tharau（塔羅的安妮）。

⑤「實際的」這一個詞的模糊性，在最近一位自稱是我們觀點的報導者的話中，得到充分的表現：「實用主義是盎格魯—薩克遜民族對拉丁人心智中的理智主義與理性主義的一種反動。……人，每個個體都是事物的尺度。他能夠理解的只是相對真理，也就是幻覺。這些幻覺的價值，不是由一般的理論，而是由個體

的實踐揭露給他的。實用主義存在於體驗這些心智的幻覺，並透過將其付諸行動，來遵從這些幻覺，這是一個沒有言語的哲學，一個姿態和行動的哲學，它拋棄了普遍而抓住特殊。」（Bourdeau, *in Journal des Débats*，一九〇七年十月二十九日。）

⑥如同常識所認為的，感覺可能擁有他們的客體，或是與這些客體結合一起；概念之間被直覺到的不同，也可能與「永恆的」客觀差異結合在一起；但為了簡化這裡的討論，我們對這些非常特殊的認識例子，進行抽象化。

⑦先驗的理想主義者認為心智的有限狀態，以某種無法說明的方式，和無限的全知者同一。依照他們的理解，他們認為自己有義務假定有一位這樣的全知者，好為認識關係提供一個基礎（*fundamentum*）。實用主義者可以把同一性的問題保持開放；但是如果他們想要證明一個認識的例子，他們不能沒有現實，如同不能沒有更廣博的認識者。在為他們提供認識論素材的論述領域裡，他們自己扮演絕對認知者的角色，保證那裡的現實，保證主體對於那個現實的真知識。但他們自己關於整個論述領域所說的東西，是否是客觀真實、是否實用主義的真理確實是真的，他們並不能保證，只能相信。他們只能把它當作一種有待證實的不確定（*ambulando*）的東西，向聽眾推薦，如同我向我的讀者推薦一樣，或是以其結果可以確認的方式來推薦。

9

真理這個詞的意義①

The Meaning of the Word Turth

我對真理的解釋是實在論的，且追隨常識的認識論二元主義。假設我對你說「事物存在」，這是不是真的呢？你如何分辨？不等到我把我陳述的意義做進一步的發展，這句話就不能被決定是真的、假的或是與現實整體無關。但是如果你現在問我「是什麼東西？」，我回答說「一張桌子」；如果你問「在哪裡？」，我指向一個地方；如果你問「它是物質上的存在，還是想像中的存在」，我回答說「物質上的」；如果我進一步說「我講的就是那張桌子」，然後抓起一張桌子搖晃它，你會看到我描述的這張桌子，你會願意稱我的陳述為真。但是，你和我在這裡是可以溝通的；我們可以換個地方；你可以為我的桌子交保證金，我也可以為你的交保證金。

這個對現實的觀念獨立於你我之外，由一般社會經驗取出來，處在實用主義對真理的定義的基礎上。為了被認為是真的任何陳述，都必須與這類現實一致。適用主義所定義的「一致」是指可以是實際上的、或是潛在可能的某種「運作」的方式。因此，「桌子存在」這個陳述對一張你確認是實在的桌子而言是真，它必須能夠引導我搖晃你的桌子、用把這張桌子提供給你的心智的語言來解釋我自己，或是把你所看見的桌子畫一張圖，等等。只有用這些方式，所說的話就能與**那**現實一致而有意義。然後參照一些終點性的東西，再有某種值得稱為一致的適應過程，因而成為把我的所有陳述定義為「真」的建構元素。

你無法不用有作用的觀念來獲得參照或適應。這個東西是**那個**（that），是**什麼**（what），是**哪一個**（which）（就所有可能的東西之一），只有透過實用主義方法，這些才是可決定的點。「哪一個」表示一種指向的可能性，或者是篩選出特殊的客體；「什麼」表示在我們這部分就一個構想的基本面向進行選擇（這總是和杜威所謂我們自己的「情況」有關）；而「那個」表示我們信念的態度的一種預設，確認現實的態度。當然對於理解「真」這個詞應用到陳述時所代表的意義，提到這類作用是不可免的。如果我們把它們拿掉，認知關係的主體與客體就會漂流（確實在相同的宇宙中），含糊、無知地，沒有互相接觸或中介。

然而我們的批評者稱這種運作是非基本的。他們說沒有任何功能上的可能性「使」我們的信念成真；信念是本來就是真的，絕對是真的，生而為「真」，就好像尚博爾伯爵（Mount of Chambord）生來就是「亨利五世」（Henri-Cinq）。相反地，實用主義堅持陳述與信念只有承蒙允許才能變成遲滯的、靜止的：它們實際上被當成真；但是你**不能**透過稱呼它們為真，而不指涉其功能上的可能性來**定義你的意思是什麼**。這些功能上的可能性在被稱為「真理」的信念這部分，提供與現實的關係的**整體邏輯**內容，否則這個關係就只是共存或是見證而已。

前面的陳述複製了我在《實用主義》一書中有關真理的演講的基本內容。席勒的「人文主義」（humanism）學說、杜威的「邏輯理論研究」（Studies in logical theory）以及我的「基進實徵論」（radical empiricism）都涉及這個「運作」（無論是實際的或可想像的）的一般真理概念。但是他們把它包圍在更廣大的理論中間，當成一個細節，這些理論最終的目的在於決定整個「現實」所包含的概念，就在其最終的本質與構成之中。

註釋

①本文為一九〇七年十二月，在康乃爾（Cornell）大學舉辦的美國哲學學會（American Philosophical Association）會議的評論文章。

10

凱撒大帝的存在①

The Existence of Julius Caesar

我對真理的解釋純粹是邏輯上的，且只和其定義相關。當我們把真理應用到陳述（statement）上時，我認為你不能沒有援用**陳述運作**（workings）**的概念**，來區別「真」（true）這個**詞的意義**。

我們要來確定我們的想法，假定有一個世界只包含兩個東西：凱撒大帝死亡且變成灰塵，還有我這個人，說「凱撒真的存在過」。大部分的人都會天真地認為這樣說是個真理，並且說在一種遠距行動（*actio in distans*）的意義上，我的陳述直接掌握了另一個事實。

但是我的語言肯定指的是**那個**凱撒嗎？——或者肯定指的是**他的**個人屬性嗎？為了要把「真」這個修飾詞理想上的意義完整表現出來，我的思想應當與其自身的特定客體，具有一個完整限定與明確的「一對一關係」。想像在一個超級單純的世界中，指涉是無法確定的。有兩個凱撒，我們無法知道究竟是指哪一個。真理的條件在這個論述世界中看起來不完整，所以這個世界必須被擴大。

超驗主義者援用一個絕對的心智來擴大那個世界，該心智擁有所有的事實，可以至高無上地把它們關連起來。如果它決定我的陳述**應該**指涉那個對應的凱撒，我想到的屬性**應該**表示他的屬性，那麼那個決定就足夠讓這個陳述為真。

換了我，我會承認在兩個原初的事實之間，存在著有限的中介事物，我用這一點來擴大那個世界。凱撒**曾經有**（had）影響，我**現在有**（has）影響；如果這些影響加在一起，一個具體的中介和底層提供給限定的認知關係，這認知關係作為純粹的遠距行動，似乎過度模糊與難以理解地漂流。

例如，真正的凱撒寫了一份手稿，我看見一份真正的再版，並且說「我所指的凱撒是**那個**的作者」。我思想的運作因此更完整地決定了明指的和隱含的意義。它現在定義自己既非與真的凱撒無關，其對凱撒所提出的內容也並非錯誤。絕對的心智看見我用宇宙的中介事物朝向凱撒運作時，可能會這樣說：「這種運作只是詳細地說明我用真的陳述所意指的我自身，我發布了這個在兩個原初事實之間的認知關係，來表示那種中介事物的具體系列是存在的或可以存在的。」

但是這個牽涉到事實的系列優先於邏輯情況的陳述，其真理是我們正在定義的，然後事實接在它們之後；這個粗俗地把真理與事實當成同義詞的情況，讓我的說明容易被誤解。它混淆地問：「凱撒的存在，一個已經兩千年的真理，怎麼能讓任何現在可能發生的事情來決定其真理呢？我怎麼能夠讓我對這件事的確認由這個確認的效果來決定其是否為真呢？這效果可能證實我的信念，但是這個信念已經由凱撒確實存在過的這個事實證明為真了。」

好吧，如果根本沒有凱撒的話，當然他就沒有了明確的真理——但是，那就要區別明確地、完整地建立的「真」，以及只是「實際上」的、省略的、承蒙允許的「真」，而不是明確地不相干或「非真」。也要記得凱撒的存在事實上可能讓一個現在的陳述為誤或不相干，和它可能讓陳述為真一樣，在這兩種情況中它自己都不需要改變。它是既定的，無論是真理、非真理或是不相干也都是既定的，由來自陳述本身的某些東西決定。實用主義針對這一點所主張的是，如果你把陳述的功能性運作這個概念摒除在外，你就無法**定義**所謂的某些東西是什麼。真理表示與現實一致，一致的模式是一個實際上的問題，只單由關係的主觀語彙就可以解決。

〔附記〕這篇文章原來還接著一些段落來安撫理智主義者的反對。我說，由於你這麼愛「真」（true）這個詞，且由於你這麼看不起我們觀念的具體運作，我把「真理」（truth）這個詞保留給你這麼關心的那個跳躍的和無法理解的關係，而把那些用可理解的意義認識其客體的思想，說它們是「充滿真理的」（truthful）。

就像大部分的禮物一樣，這份禮物也被唾棄了，所以我把它撤除，為我的慷慨懺悔。普拉特教授在他最近的一本書中，把**事實**的任何一個客觀狀態稱為「一個真理」，且按照我的提議，在「真理」（truth）這個意義上使用「真實性」（trueness）這個詞。霍特里（Hawtrey）先生（見第十四章）在同樣的意義上使用「正確性」（correctness）這個詞。如果「真理」這個詞已經正式地失去其地位，不再是我們的信念與意義的財產，且變成「事實」的技術性同義詞時，為了遠離模糊詞彙的一般罪惡，我們可以真正地放棄所有和解的希望。

註釋

①本文最初刊在 *Journal of Philosophy* 中，名為 Truth versus Truthfulness。

11

絕對真理與充滿活力的生活①

The Absolute and the Strenuous Life

布朗教授（Professor W. A. Brown）在八月十五日的《期刊》（*Journal*）裡，支持我實用主義的想法，如果允許相信絕對真理（the absolute）的存在，就是給精神休假日，但是卻指責我的妥協過於狹隘，並且用引人注目的例子顯示相同的信念有很大的力量，使充滿活力的生活鬆懈下來。

我對他的文章沒有批評，但是讓我解釋為何「道德假期」（moral holidays）是我由絕對真理中唯一揀選出來強調的東西。基本上，在我的演講中我所關心的是把世界仍然繼續創造中的信念，與世界已經有一個已經完成且完整的「永恆」版本的信念作比較。前者，或者稱為「多元論的」信念，是我的實用主義所偏好的。這兩種信念都肯定我們充滿活力的心境。多元主義實際上要求這類心境，因為它使這個世界的拯救，有賴於許多部分的心境注入能量，而我們正活在這些心境之中。單一主義容許這類心境，無論它們可能是多麼地憤怒，我們總是能夠事先以它們**將會表現**絕對真理的完美生活的這種思想來放縱它們，以證明我們自己是對的。由你有限的知覺逃離到永恆整體的概念，你會使任何一種傾向變成神聖的。雖然這絕對真理並不**講述**任何東西，它會在事實之後**批准**任何東西而且是每一個東西，因為只要有過一次，就必須被認為是宇宙完美的一份子。寂靜主義與狂亂都同樣得到絕對真理的同意，而得以存在。我們中間本質上比較遲緩的人可以忍受我們順從的被動性；能量過剩的人會一直比較魯莽。歷史告訴我們，寂靜主義者與狂亂者都可以由絕對主義者的方案中獲得靈感。它同樣都適合有病的和充滿活力的靈魂。

我們卻不能用這個方式說多元主義。多元主義的世界總是容易受傷的，因為其某些部分容易誤入歧途；而且它沒有「永恆」的版本，讓我們可以得到安慰，其擁護者總是會感到某個程度的不安。作為多元主義者，假如我們提供自己道德假期，這些假期只能夠是暫時歇口氣的時間，為明日的戰鬥重新獲得力量。由實用主義觀點，這讓多元主義有一個永久的缺陷。它對生病的靈魂而言，並沒有拯救的訊息。絕對主義者在其所有的訊息中有這樣的訊息，而且是唯一必要有這種訊息的方案，這構築了其主要的優越性，也是其宗教力量的來源。公平地來看，這也是我對其高度具有道德假期的天賦覺得很有價值的原因。它的主張是獨特的，而其與精力充沛的關係，就不像多元主義方案那麼強調。

在我書中的最後一講，我坦承多元主義這個缺點。它缺乏絕對主義所展現的那種寬廣的一致對待。它注定要讓很多絕對主義可以安撫的生病靈魂感到失望。因此，對於絕對主義者而言，它是個很糟糕的策略，沒有這方面的好處。生病靈魂的需要當然是最迫切的；相信絕對真理的人，在它們的哲學中，一定會大大稱讚它，因為它是這麼地適合他們。

我支持的實用主義或多元主義必須撤退到相當大膽的地方，願意在沒有保險或保證情況下生活。對於願意在沒有確定性、寂靜主義的宗教、**任何**救恩的確定這種可能性之中生活的心智而言，帶著一種肥胖墮落的輕微氣息，讓它被人側目而視，即使在教會中也一樣。誰可以說哪一邊是對的呢？在宗教內，情緒很容易專制；但是哲學必須偏愛與整個身體最佳結盟、且把所有真理放入眼簾的情緒。我認為這種類型的情緒是比較充滿活力的；但是我必須承認其無法釋放寂靜主義的熱愛，是我公開宣揚的多元主義哲學中的嚴重缺點。

註釋

①本文重印自*Journal of Philosophy, etc.*，一九〇六年。

12

賀伯特教授論實用主義①

Professor Hébert on Pragmatism

馬賽爾・賀伯特（Marcel Hébert）教授是一位博學、自由的思想家（我相信他脫離了天主教的神職工作），而且是一位非常直接而清晰的作家。他的著作《神聖》（*Le Divin*）是近年來對於宗教哲學的一般性主題，做了最好的回顧的出版品；在一本與上面書名相同的小冊子中，他也許為了避免對實用主義有不公正的批評，比其他的批評遭受更大的痛苦。然而，對實用主義的目的的一般性誤解，減弱了他的說明與批評。他的小冊子對我而言是一個很有價值的鉤子，可以吊起我的興趣，再一次嘗試告訴讀者實用主義對於真理的解釋。

賀伯特先生所了解的是一般大部分的人所了解的，他認為這個學說主張在語詞絕對而不受限制的意義上，只要能在我們的思考方式中證明是主觀上有利的，就是「真」的，而無論他是否與在我們思想以外的事物的客觀狀態一致。假設這是實用主義的論點，賀伯特先生在這個論點上寫了很長的反對意見。他說，思想如按此證明它自身的有利，對思想者有很多其他價值，卻沒有認知價值、表徵價值以及知識本身的價值（*valeur de connaissance proprement dite*）；而且，當它具有高度的一般利用價值時，這都是來自它先前的價值，即對於我們的生活有重要影響的獨立客體進行了正確的表徵。只有透過這種表徵的事物我們才能收割到豐富的成果。但這些成果是緊跟著真理，而不是建構真理，所以賀伯特先生控訴實用主義說所有關於真理的事，卻沒有告訴我們真理本質上是什麼。他承認世界確實是這樣構成的，當人對於現實有真的觀念時，接著會產生豐富的功用；我想，我們的批評者中，沒有一個人像他這樣對於這些功用有具體的認識；但是，他再次地說這些功用是次要的，而我們卻把它們當成主要的，而由**客觀知識**（*connaissance objective*）所取出的存有，被我們忽略、排除並且破壞。他說，我們觀念的利用價值與嚴格的認知價值，也許可以完美地和諧——而且他主要是同意它們和諧——但是它們並非在邏輯上完全就是這樣。他承認主觀的興趣、慾望、衝動等，在我們的智性生活中，甚至是有效的「高於一切」。認知只有在它們的刺激下才會甦醒，然後跟隨它們的線索與目標；然而，當它**被**喚醒時，在滿足狀態的衝動傾向，就是客觀的認知，而不是其他的名稱。一幅被認為是柯洛（Corot）②的畫作，當被懷疑是贗品時，其擁有者必然不安。他會查證來源，再次加以確定柯洛真的是這幅畫的畫者，但是他的不安並不會讓這個陳述為誤，正如他的放鬆也不會讓這個陳述為真。根據賀伯特先生所言，實用主義主張我們的情感**決定**真假，這一點會導致我們結論說，我們的心智並沒有真正的認知功能。

這個對我們的立場的主觀詮釋，看起來是來自我所寫的（沒有預設必須解釋我單單用主觀這一邊來處理認知的必要性）結論，那為真的，為我們的思考方式是權宜之計，同樣為我們的行為方式也是權宜之計！在前面已經寫過，真理表示「與現實一致」，且堅持任何意見的便利性的主要部分，是其與其他公認的真理是一致的，我認為我的意思並沒有完全主觀主義的解釋。我的心裡充滿客觀參照的概念，我從來沒有想到我的聽眾會沒有抓到這一點；我最不想聽到的控訴是我在談到觀念與其令人滿意時，我否認了外在的現實。我現在唯一感到驚嘆的是批評者應該發現，我在他們眼中是個這麼可笑的人，值得公開譴責。

對我來說，客體與觀念是現實不可或缺的兩個部分。觀念的真理是它與現實的一種關係。這三種關係都包含這個世界的中介部分，每一個情況都可以被確定與分類，每一種真理的情況都不一樣，在每一個日期每一個地方都不一樣。

席勒博士和我所堅持的實用主義論點（我偏好讓杜威教授為自己解釋），就是所謂的「真理」這種關係是**可以**具體**定義**的。在這個領域中，我們的論點是唯一正面地說明真理實際上**包含**了什麼。譴責我們的人實際上並沒有任何可以替代的東西可以拿來反對我們。對他們而言，當一個觀念是真的，它**就是**真的，到此為止，

「真」這個詞是無法定義的。他們認為，真的觀念與客體的關係是獨特的，無法用其他的語彙來表達，只需要為任何確認且理解的人命名。此外，這種關係是不會變的、普世的，無論觀念、現實以及它們之間的關係有多麼地不同，每一個個別真理的例子都一樣。

相反地，我們實用主義的觀點是說，真理關係是一個明確可經驗的關係，因此是可以描述，也可以命名的；在種類上，它並不是獨一無二的，既非不可變也非普遍的。在任何給定的例子中，其與客體的關係使一個觀念為真，在現實導向客體的中介細節裡具體化，每一個例子都不一樣，也都可以具體追溯。一個意見所設定的一系列運作**就是**這個意見的真理、不實或不相干，視個別例子的情況而定。每個人所有的每一個觀念都有其結果，這個結果或是以身體行動的形式，或是導致其他觀念。透過這些結果，這個人與周圍現實的關係就受到改進。他由比較遠的現實被帶到比較近的，然後獲得這個觀念令人滿意或是不滿意的感覺。這個觀念帶著他接觸某些滿足或不滿足其目的的東西。

基本上，這個某些東西就是**這個人的客體**。由於我們所能夠談論的現實就是那些**被信任的客體**（objects-believed-in），因此當實用主義者說「現實」的時候，一開始就表示是對這個人有價值的現實，在當時，他相信就是這樣的東西。有的時候，現實是一種具體、可感覺的臨在。例如，觀念可能是某個房間的門被打開，那裡可以買一杯啤酒。如果打開這個門導向確實的情景，且品嚐到啤酒，那這個人就會把該觀念稱為真。或者他的觀念可能是一種抽象的關係，例如直角三角形的底邊與斜邊的關係，這種關係當然和一杯啤酒同樣都是現實。如果這一種關係的觀念讓他開始畫輔助線條，並且比較它們所形成的圖形，注意到每一個都有一樣的均等關係，他最後會**看見**所想到的關係，這種看見和品嚐啤酒一樣的特殊且直接。如果他這樣做到了，他稱**那個**觀念也是真的。在每一個情況中，他的觀念當下帶著他進入與感覺到的現實進行更為親近的接觸，以證明該觀念。每一個現實單單只查核並證實它自己的觀念；並且在每一個情況中，這個證實過程包含在令人滿意的結局（satisfactorily-ending）的結果中，無論是觀念所能夠設定的心理上或是物理上的結果都一樣。這些「運作」（workings）在每一個情況中都不一樣，它們從來沒有超越過經驗，它們包包含心理上的或感官上的細節，每一個個別例子都容許具體的描述。實用主義者無法看到你稱一個觀念為真所可能**表示的意思**，除非你是說其在某人的心智裡為起點（*terminus a quo*）和某種為終點（*terminus ad quem*）的特定現實之間，有具體的運作進行或可能干預。它們的方向構成觀念對現實的參照，它們的令人滿意構成其隨附的適應，並且這兩個東西一起為這個觀念的擁有者構成「真理」。若沒有這種具體真實經驗的中介事物這部分，實用主義者看不到沒有東西可以用來建構所謂真理的適應關係。

反實用主義者認為運作不過是真理先前已在觀念之中的證明，你可以把這些運作的可能性都抹除掉，該觀念的真理仍然會一直穩固存在。當然，這並非是一個對我們的真理的反理論，它放棄了所有明確的理論，而聲明至少具有稱呼某些觀念為真的權利；這就是我在上面所說的，反實用主義者並沒有提供我們其他的替代選擇，我們的說法真的是現存唯一正面說明的理論。一個觀念的真理能夠保有讓我們在心理上或物理上適應現實的力量，這是什麼意義呢？

我們的批評者為何這麼一致地控訴我們是主觀主義，否認現實的存在呢？我想，這來自我們的分析中，必要的主觀語言佔優勢的緣故。無論現實可能是多麼獨立與外射，我們可以在我們對真理的解釋的架構中談論它們，即只能把它們當成眾多信任的客體來談論。但是經驗的過程持續地引導人們，用比較令人滿意、可以信任的新客體來取代他們的舊客體，**絕對現實的觀念**不可避免地變成一種**邊緣觀念**（*gre-*

nzbegriff），等同於從來不會被取代的客體的觀念，因此相信這種觀念將會是**不需要改變的**（*endgültig*）。我們在認知上活在一種三率法則（rule of three）中：我們私人的概念再現了它們引導我們趨向的感官客體，這些客體是公開的現實，獨立於個人的存在之外，因此它們會轉而再現一種超感官秩序的現實，電子、心智內容、上帝或其他，這些東西獨立於所有人類思考者而存在的。這種最終現實的觀念，其知識就是絕對真理，是我們的認知經驗的自然結果，實用主義者與反實用主義者都無法逃避這一點。它們在每一個人的思想中形成一種無法避免的規範性公設。我們在這方面的觀念是最豐富的，也滿足了我們所有的信念，最不會被懷疑。差別的地方是，我們的批評者用這個信念作為他們唯一的典範，把任何談論人類現實的人，當成他認為現實的觀念「本身」是不合法的。同時，就他們所**談到**的現實本身而言，只是一個人類的客體；他們和我們對現實本身做一樣的假定，如果我們是主觀主義者，他們也不遑多讓。現實本身**對**任何人而言，都是在那裡，無論是實用主義者還是反實用主義者，但是只有透過相信，它們才存在；它們只有在其概念顯示為真實才會被相信；且它們的概念只有在令人滿意地運作時才能顯示為真。此外，為了特定思考者的目的才會令人滿意。沒有觀念是任何東西的「**這個**真觀念」。誰的觀念是絕

對真理的「**這個真觀念**」呢？或者，我們用賀伯特先生的例子來說，什麼是你擁有的圖畫的「**這個真正觀念**」呢？就是那最能滿足你現在的興趣的觀念。興趣可能在這幅圖畫的所在地、它的年紀、它的「色調」、它的主題、它的價格、它的優點或其他。如果被懷疑它的作者是不是柯洛，在當下能夠滿足你的興趣的就是你的宣稱受到肯定；但是，如果你有一個正常人的心智，僅僅稱它是柯洛的作品並不能同時滿足你的心智的其他要求。如果要滿足**它們**，你對這幅畫所知道的一切都與現實系統的其他部分有平順的連結，這些部分就是柯洛實際上有參與的那部分。賀伯特先生控訴我們認為它們自己的獨自滿足就足夠使信念為真，因此對我們而言，實際上的柯洛根本不需要存在。為什麼我們就該被割離比較是一般的和理智上的滿足呢？我知道不是；但是，無論這些滿足是什麼，理智上的或是獨自的，它們都屬於真理關係中主觀的這一邊。這些滿足發現我們的信念；我們的信念在現實中；如果沒有任何現實，信念就是錯的；但是如果現實存在，它們怎能在一開始被**知道**而沒有被**相信**；或者怎能被相信卻不是在我們一開始在其運作良好時擁有它們的觀念呢，實用主義者發現這是無法想像的。實用主義者也無法想像讓反實用主義者對於現實可以武斷、片面地確信的東西，會比實用主義者依靠具體確證的堅定信念還要可信。

當我用這樣的方式來說時，賀伯特先生可能會同意這一點，所以我並不認為在知識本身（*connaissance proprement dite*）這個問題上我們比較劣勢。

某些讀者會說，雖然**我**可能相信現實超越我們的觀念，席勒博士無論如何並不會。這是一個巨大的誤解，席勒的理論和我的是相同的，只是我們的說明是跟著不同的方向在進行。他由主觀這一端出發，由個體與其信念這種比較具體和當下給定的現象開始。席勒說：「個體主張它的信念是真的，但是他所謂的真是什麼意思？他如何建立這樣的主張呢？」由這樣的問題出發，我們就會進行心理學上的探究。這看起來像是說，為真的意思是**為那個個體**，令他滿意地運作；而由於運作與滿足在不同的案例身上各有不同，因此無法接受普遍性的描述。對於個體而言，那為他運作的就是真的，而且代表現實。如果他是不會犯錯的，現實就「真的」在那裡；如果他犯錯，現實就不存在那裡，或者不像他想的在那裡。當我們的觀念令人滿意地運作時，我們都相信；但是我們還是不知道誰是不會錯的；所以，真理的問題與錯誤的問題是**平等的**（*ebenbürtig*），來自同樣的情況。席勒一直處理會犯錯的個體，只處理對個體的真理，因此對很多讀者來說，他完全忽略了真理本身。但是，這是因為他只想告訴我們真理如何獲得，而不是當獲得真理時，其內容應當是什麼。可能所有信念中最為真的，就在超越主觀現實之中。它當然**看起來**是最真的，因為沒有可以競爭的信念像它這麼大量地令人滿足，而且這可能是席勒先生自己的信念；但是為了其當下的目的，他並不需要宣揚這一點。他也沒有責任在把這一點當成討論的基礎。

然而，我接受不同的策略，這一點被批評者警告過了。我由客觀的這一端開始，與席勒的方向相反。我期待人類一般真理過程的結果，所以我以客觀現實的觀念作為開始。我提出假設、進行自己的解釋，我**為這個現實提出擔保**，讓任何一個人對這個現實的觀念，對我而言和對他而言都同樣是真的。但是我找不到和席勒不一樣的答案。如果其他人的觀念領導他不只相信現實就在那裡，也用它當作現實的暫時替代物，讓它引發適應的思想與行動，與現實本身所產生的結果一樣，那麼它在唯一理性的意義上是真的，貫穿其整個特定的結果都是真的，並且對我和對他而言都是真的。

我的說法不僅僅是邏輯上的定義；席勒的說法也不僅僅是心理學上的描述。兩者都處理絕對相同的經驗，只是用相反的方向。

也許這些解釋可以讓賀伯特先生滿意，他的小書除了主觀主義的錯誤控訴之外，對於實用主義的認識論提供了相當豐富的說明。

註釋

①本文重印自*Journal of Philosophy*，一九〇八年十二月三日（第五冊，頁689），回顧賀伯特（Marcel Hebert）的文章Le Pragmatisme et ses diverses formes anglo-americaines（實用主義與其各種英美形式）。（Paris: Librairie critique Emile Nourry, 1908., p.105.）

②譯註：尚・巴帝斯・卡密爾・柯洛（Jean Baptiste Camille Corot, 1796-1875），是法國著名的風景畫及肖像畫畫家。

13

抽象主義與「相對主義」

Abstractionism and 'Relativismus'

抽象的概念，諸如彈性、廣博、不連貫，都是我們具體經驗中重要的面向，我發現把它們挑選出來很有用。有用，是因為我們會被提醒其他提供相同面向的事物；而且，如果這些面向在其他事物上也帶來結果，我們就能夠回到我們最初的事物，期待那些相同的結果會累積。

在預期的結果上獲得幫助總是一種收穫，這種幫助是抽象概念所給我們的，它們的用處顯然只有當我們透過它們的手段，再次回到具體事物的細節中才能發揮，它們的手段包括讓我們記住結果，且隨之豐富我們對原來客體的觀念。

如果沒有抽象觀念來處理我們知覺上的細節，我們就像缺了一隻腳一樣。把概念與細節一起使用，我們就變成兩足動物。我們把概念往前拋去，在結果上有個立足點，鈎住我們的路線前往那裡，擬出我們知覺到的事物，用短跳、輕跳以及大跳越過生活的表面，以極快的速度旅行，比我們費力涉過那些意外大量落在我們頭上的具體事物的厚重細節，還要輕鬆多了。動物必須費力這樣做，但是人可以高高抬起頭，在上層的概念空氣中自由呼吸。

所有哲學家對意識的概念形式表示巨大的尊敬，這是很容易了解的。自柏拉圖時代以降，這被認為是我們走向基本真理的唯一徑路。概念是普遍的、不變的、純粹的；它們的關係是永久的；概念是精神上的，而它們讓我們可以處理的具體事物細節則會被肉體所敗壞。除了它們最初的用途、讓我們的生活有可貴的品質之外，它們本身就是珍貴的。

只要概念的最初功能沒有在讚賞中被吞沒、消失，我們對於概念的這種感覺是沒有錯的。那種功能就是將認識到的結果**加到**我們短暫的經驗中，以在心智上擴大我們的經驗；但不幸地，這個功能不僅僅經常被哲學家們在思考中忘記，也常常被改變為剛好是對立的樣子，**否認**（隱含的或外顯的）所有原初經驗的特徵，來消滅原初的經驗，保留特別抽象化的東西來讓人認識。

我的抱怨方式本身就是高度抽象的，需要舉例說明來免除這種模糊。某些在我心裡非常珍貴的信念，被批評者用這種惡意的抽象方式來加以想像。其中一個就是所謂「相信的意願」；另一個就是某些未來的不確定主義；第三個就是認為真理是隨著人的觀點而變。我相信這種抽象功能不合常理的濫用，讓批評者使用錯誤的論述，來反對這些學說，也常常讓他們的讀者得到錯誤的結論。如果可能，我應該試著用一些反批評的評論來拯救這種情況。

讓我用「惡意的抽象主義」這個名字來為底下描述的概念使用方法命名：我們

把一個具體情境中的一些明顯或重要的特徵挑選出來，且在那種情況下進行分類來加以認識；然後，我們並不把這種新的認識方式所帶來的正面結果，加到其先前的特徵中，而是繼續私下使用我們的概念；把原來豐富的現象，縮小為抽象取出的名稱毫無遮掩的建議，把它當成「不過是」那個概念的事例，然後表現得像是產生這個概念的所有其他特徵都被去除了。①發揮這種功能的抽象方式變成一種扣留的手段，而非讓思想向前推進的手段。它損毀事物；它創造困難且找不到可能性；我相信，形上學家與邏輯學家自行找到的宇宙矛盾與辯證上的謎團，有超過一半的麻煩是來自這種相對而言比較簡單的來源。我相信，這種抽象與分類命名的惡意並導致匱乏的使用，是理性主義的一種原罪。

我們立刻來看一個具體的例子，看看這個對「自由意志」的信念，最近被富爾頓教授（Professor Fullerton）有技巧地以似是而非的論述給駁倒。②當一個普通人說他的意志是自由的時候，他的意思是什麼？他的意思是說在他的生命裡有分叉的情況，有兩種同樣可能的未來，兩者都根源於他的現在與過去。如果實現的話，都會是由他先前的動機、特質以及環境情況長出來，也會持續他個人生命的躍動。但是有時候這兩者都與物理環境不搭配，因此對於天真的觀察者來說，看起來就好像他**現在**於兩者之間做了一個選擇，而選擇哪一個未來這個問題，並非是在世界的基礎上做決定的，而是在每一個飛逝的、長出事實的時刻重新決定，並且可能性把自己轉向一個行動，似乎排除了其他一切的行動。

那些只看事物表面價值的人真的會被騙。他可能經常搞錯自己忽略了是什麼東西預先決定了不確定的東西。然而，雖然可能是想像的，他心目中的情景，在過去與未來之間並沒有中斷。火車還是同樣的火車，乘客還是同樣的乘客，動力還是同樣的動力，無論轉轍器轉向哪一個方向。對非命定論者而言，總是有足夠的過去，提供給眼前所有不同的未來，此外，也能由其中找到理由，不管來的是哪一個未來，都是由過去滑出來的，就好像火車滑過轉轍器一樣容易。簡而言之，這個世界本身，為相信自由意志的人和為嚴格命定論者而言是連續的，而後者無法相信分叉點真的是不偏不倚、均勢的，或是包含指引現有的運動的轉軌（只是在那裡，**不是在之前**），而沒有改變它們的數量。

嚴格的命定論者認為如果有這些不偏不倚的點，那麼未來與過去會完全分離，

因為抽象地來看，「不偏不倚」（indifferent）**這個詞意味著沒有連結**。無論不偏不倚是什麼，根本就沒有關連。如此嚴格地看待這個詞，你看到他們所說的，如果在過去與未來的寬廣高速路上，可以找到任何不偏不倚的點，那麼在被移動的轉軌或轉轍器的兩邊，**沒有**任何連結，沒有連續的動力，沒有完全相同的旅客，沒有共同的目標或媒介可以被發現。這個地方是一個無法通行的深淵。

富爾頓先生寫道（黑體字是我標上的）：「只要我的行動是自由的，我已經是什麼、我是什麼、我總是已經完成或努力去做的什麼、我最大的希望或現在決定要做的什麼——這些東西**不再能在未來實現，如同它們不曾存在**。……這個可能性是可怕的；當然，甚至是最熱情的自由意志主義者，當他坦白地思量時，會原諒我希望如果我是自由的，至少不是非常自由，我可以合理地期待在我的生活與行動中，發現**某種**程度的一致性。……假設我給一個盲乞丐一塊錢，如果這真的是一個自由意志的行動，可以嚴格地說**我**已經給了這個錢了嗎？這錢被給出去是因為我是一個善心人嗎？等等。……這些和自由意志的行動有何關係？如果它們是自由的，它們必然不會被**任何**一種先前的情況所制約，無論是乞丐的可憐，或是路人心中的憐憫。它們一定是沒有理由的，不是被決定好的。它們必然是由虛空中落下，因為只要它們可以被解釋，它們就不是自由的。」③

天堂不准我在這裡被徹底捲入自由意志問題的對或錯，因為我只是嘗試要用這個學說的某些攻擊者的行為，來表現何謂惡意的抽象主義。如同非命定論者自己所經驗的那樣，在路途分叉的那個時刻，同時是再定向（re-direction）與持續下去（continuation）的時刻。但是，因為我們對於再定向的「這邊或那邊」感到猶豫，命定論者把這個不連續的小小元素，由經驗超級豐富的連續中進行抽象化，取消其中所有連結的特質。對他來說，選擇自此表示純粹與單純的不連結，某種事先在各方面都未被決定的東西，而且選擇的生活必定是一團混亂，沒有任何兩個時刻可以被當成同樣的時刻，也不能當成同樣的人。麥塔葛先生（McTaggart）④告訴我們，如果尼祿（Nero）⑤在命令謀殺他母親的時刻是「自由」的，沒有人在其他時候有權利說他是壞人，要不然他就會完全是另一個尼祿。

一個好辯的作者不應當只是毀滅他的受害者，他應當試圖讓對方感受到他的錯誤——也許不足以改變他，但是足夠讓他意識到良心，以減低他反抗的能量。對於人的信念充滿暴力與諷刺的模仿，只會引起別人對作者無力看到問題緣由的蔑視。把一個抽象元素的負面特徵處理為它廢除一直共存的正向特點，這並不會讓任何非命定論者改變實際看待事情的方式，但是大概可以引起觀眾的掌聲。

現在回到一些對於「相信的意願」的批評，這是惡意應用抽象的另一個例子。對於仍然缺乏客觀證明的事物，有相信其真理的權利，這一點被那些理解某些人類具體情況的人所力爭。在這些情況中，心智有大量的各種選擇，因而沒有任何一個有完整的證據，而一直在懷疑中等待，實際上和減少負面的猜疑是一樣的。這樣的生命有一點價值嗎？這一種宇宙的氣候有任何一般性的意義嗎？受這樣的痛苦可以永久地買任何東西嗎？是否在存有（Being）中有超越現世的經驗，某種像是「第四度空間」的東西，如果我們可以進入這樣的經驗，有可能可以修補世界**大亂**（*zerrissenheit*）的一些部分，使事物比它們一開始的樣子變得更合乎理智呢？是否有一種超人的意識，我們的意識只是它的一部分，我們可以由它獲得啟發與幫助呢？上面這些問題，我們之中有一些人確認它們具有可以給是或不是的答案的權利，其他人則認為這在方法論上是不能夠被承認的問題，因此呼籲我們至死都要聲稱不知道，且聲明每個人有拒絕相信的權利。

我並不是說某些批評者的個人不一致，他們的出版品對於相信的意願提供優雅的描繪，儘管他們譴責它只是一個片語或是被推薦的事物。我願意再拿麥塔葛先生當例子，確信「現實是理性、正義的」，而且「命中注定暫時的觀點（*sub specie tem-poris*）變成完美地好」；他把這個信念稱為必要邏輯的結果，這個由一個充滿天賦的頭腦產生的觀點，從來沒有欺騙任何讀者。人類被造的模式過於一致，任何人都無法成功脫離信仰的行動。我們清楚地看見某種世界的觀點對我們的意義是什麼，我們對這樣的思想感到熱情或戰慄，我們的情感貫穿我們整個邏輯天性，把其運作賦予生氣。我們感覺到，它**不能**是那樣；它**必須**是這樣。它必須是它**應該**的樣子，它**應該**是這樣；然後我們尋求每一個理由，無論好或壞，來讓這個應該客觀地看起來就是有望發生的事物。我們使大家看到反對它的論述是不夠充分的，所以它**可能**是真的；我們表現出它想要成為我們整個天性的忠誠份子，而非任何三段論證的憔悴成員。我們記得音樂擴大我們的生活，我們想起落日的許諾以及春季森林的衝動，透過這些我們強化了相信的意願。當個體掠過整個經驗且最後說「我相信」時，整個經驗的本質就是他視覺上的強烈具體性，包括在他面前假設的個體性，以及在他最後的狀態中出現的各種具體動機與知覺的複雜性。

現在我們看抽象主義者如何對待這個豐富和複雜的視覺，其中事物的某些狀態必然是真的。他用底下的三段論法來譴責推理的信徒：

所有好的渴望必須被實現；

相信這個命題的渴望是一個好的渴望；

所以，這個命題必須被相信。

他用這個抽象概念來替代相信者具體的心智狀態，把這個赤裸的可笑釘在他身上，輕易地證明任何反對他的人是地球上最大的笨蛋。好像任何真正的相信者都會用這種荒謬的方式思考，或好像任何對於人具體結論方式的合法性的維護者，都會用這種抽象和一般性的前提。「所有的渴望必須被滿足！」然而，麥塔葛先生在前引書第47至57段中，鄭重地、費力地拒絕這個三段論。他認為在字典中抽象的三個概念「渴望」、「好」以及「現實」，三者之間並沒有固定的連結；而且他忽略掉在單一具體的例子中，相信者感受到並知覺到存在的所有連結！他繼續說道：

「當一個事物的現實是不確定時，這個爭論鼓勵我們假設我們對一個事物的認可可以決定它的現實。並且一旦這個褻瀆的連結被建立，我們會受到懲罰。因為當事物的現實是獨立地確定時，（那麼）我們必須承認事物的現實應當決定我們對該事物的認可。我發現要想像一個比較墮落的情勢是很困難的。」

我在這裡感覺到諷刺地引用黑格爾送給英美子弟有名的等式的誘惑，他把為真的與理性的等同起來，他的英美弟子以英雄式的話語為他做結論：

「對那些不禱告的人而言，只要他們的力量可以容許，仍然有解決之道，死亡的痛苦與生命的痛苦，都不會帶他們到任何他們認為是錯的安慰中，或是把他們由任何他們認為是真的安慰（或不安？）中帶走。」

這麼別出心裁的作者，怎麼會看不到他那飛躍敵人的箭，離敵人的頭部有多遠呢？當麥塔葛先生自己相信宇宙是由絕對觀念的辯證能量所運行時，他堅持渴望擁有那種世界，被他自己感覺到是一般慾望沒有機會的例子，但是，是一種特別的**提供洞察的熱情**，如果沒有其他情況，在這種熱情中他不屈服就是**愚笨**的。他服從其具體的怪異，而不是其為「渴望」的純粹抽象特徵。他的情況很特別，就像決定最好結婚並離開舞台的女演員、決定當平信徒的神職人員，以及放棄公共生活的政治人物。有怎樣通情達理的人會用抽象的前提來駁斥這些人的具體決定呢？例如「所有女演員都要結婚」、「所有的神職人員都是平信徒」、「所有政治人物都應該要辭去他們的工作」。這種駁斥雖然是為了改變對方，卻完全是徒勞的，麥塔葛先生卻在他書中的很多地方都傳揚這類東西。他用一個比較狹隘的觀點來取代我們真正思考的豐富性。對於人真正的可能性，他提供了一個大量減掉內容的抽象概念，沒有人會被引誘去相信這種東西。

我下一個例子中的抽象概念不是那麼單純，但是和攻擊武器一樣不結實。經驗主義者認為一般的真理是由個人的信念中精煉出來的；而所謂的實用主義者試圖定義當真理來到時應包含在什麼東西之中，來「使它們更好」。我在別的地方有提到，它們包含在一種運作中，信念這一部分指向某些客體，而且應該把人帶到與這些客體形成令人滿意的關係中。這種運作當然是人類實際經驗的具體運作，就在其觀念、感覺、知覺、信念以及行動中，也同樣在環境的物理事物中，並且這種關係必須可以用可能的關係以及實際上的關係來理解。在我的書《實用主義》中討論真理的那一講，我相當費力地保護這個觀點，吃足了苦頭。奇怪的是敵人還是有很多誤解，而且很多敵人都是這樣。我企圖把具體性引介到觀念可能意味的真理觀念之中，對這個企圖最可怕的攻擊，是使真理用任何方式從人的意見中長出來，這是詭辯（protagorean）學說的再現，該學說認為個體是「所有事物的測度」，大家一致同意這個學說就在柏拉圖不朽的對話錄《泰阿德泰》（*Theaetetus*）中，在兩千年以前就舒服地們致力拔除的異端命名。

躺在墳墓裡。反對使真理具體的兩位最聰明的揮舞者，黎卡德（Rickert）教授與明斯特堡（Münsterberg）教授⑥用德文寫作，且用「相對主義」（relativismus）這個詞為他們致力拔除的異端命名。

他們用來反對相對主義的第一步完全是踏在空氣中的。他們譴責相對主義者（我們實用主義者是典型的相對主義者）被自己接受的原則排斥在兩個理想情況之外，一個是理性主義者享有的特權，即相信他們自己的原則是不受個人情感影響的、絕對的真理，另一個是**在實用主義的意義上**，把這種真理的抽象概念結構起來，**成為一個所有人會同意並且沒有人可以改變的理想意見**。這兩個譴責都不準確。身為一個實用主義者，我自己相信我對真理的解釋，與理性主義者對自己的相信同樣堅實。我相信是因為我**有**真理的相法，是那些學識豐富的敵手主張實用主義者無法架構起來的。我期待有更多的人來討論並測試我的解釋，他們越是同意我的解釋**適合**（fits），就越不渴望改變。我當然對這個自信是有些早熟，成為最終與絕對真理的榮耀，可能要等到我對我的計畫進行幾次修改校正後才會來臨，後期的版本會視它距離最後令人滿意的程式的程度，來判斷是否為假。我們實用主義者承認我們容易進行修正（雖然我們可能不預期如此），而且是牽涉到在我們這部分使用一個理想的標準來進行修正。理性主義者本身（獨立的個體）有時候會因懷疑而承認他們目前的意見，在某種程度上是有待修改並且是可以訂正的，因此一個絕對標準的**概念**，對他們來說，應該是一個很重要的東西，值得為他們自己宣揚，對我們來說，否認是不容易解釋的。隨著標準這個概念，如果他們現在也能夠宣稱其只為他們自己的強烈抗議提出保證，它確實對他們是重要的。但是像黎卡德這種絕對主義者，都自由地承認這個概念的貧瘠，即使是在他們自己手中。他們說真理是我們**應該**相信的，即使沒有人曾經或將要相信，即使我們用一般的實徵過程，彼此用事實測試我們的意見，也沒有辦法發現它。就實用主義的角度來說，這個部分的爭論是毫無價值的。沒有一個實際上在土地上行走的相對主義者⑦，可以否認在他自己對絕對真理的概念的思考中有調整管制的特徵。被相對主義者挑戰的是任何人假裝在任何既定的時刻中，確定發現該真理的外貌。比較好的絕對主義者同意這一點，承認「**有**絕對真理」是我們能夠確定的唯一絕對的真理⑧，進一步的爭辯實際上是不重要的，因此我們可以進到他們下一個指控。

在這個指控中，惡意的抽象主義變得更明顯。反實用主義者假定有絕對的真理，拒絕對這些詞提出任何解釋。對他來講，這些詞是自我解釋的。相反地，實用主義者明確定義它們的意義。他說，絕對的真理表示一組理想的公式，趨向這些公式的意見最後都會在經驗中被期待聚集一起。在這個絕對真理的定義中，他不僅僅假定意見有聚集的傾向、有這種終極看法一致的傾向，也同樣平等地假定他的定義的其他因素，由期待到達的真結論那裡借來這些因素。他假定意見的存在，假定經驗會篩選這些意見，以及那個經驗會顯示的一致性。他在這些預設中表明自己是有理的，他說他們並非嚴格意義上的假定，而是用類比的方式由過去延伸到未來的簡單歸納；而且他堅持說人關於這些假定的意見，已經到達一個相當穩定的平衡狀態，如果未來的發展無法改變它們，這些定義本身，包含其所有的詞彙，都會是它所定義的絕對真理的一部分。簡而言之，假設會圍繞著圈圈成功的運作，且證明是自我確證的，並且這個圈圈是封閉的。

然而，反實用主義者在這裡當下就和「意見」這個詞產生衝突，由生活的世界中把它抽象化，以直接就是字典上名詞來使用它，否認它共存的其他假設。字典說一個意見就是「一個人思考或相信的一些東西」。這個定義讓每個人的意見都不是自己產生的，或是與任何其他人可能想到的、或是真理可能的樣子沒有相關。因此，繼續抽象主義者的觀點，我們必須把它當成**基本上是不相關的**，因此即使有十億人誇示同樣的意見，只有一個人意見不同，我們必須承認沒有相關的情況可以讓我們更可能地說他是錯的。他們說，真理並不隨著計算鼻子而來，它也不是多數投票的另一個名稱。它是一種關係，存在於我們的意見和實用主義忽略的某種獨立的東西之間，這種關係即使每個人的意見都應該永遠否定它，它還是有資格說它們是錯的。反實用主義者向我們保證，談論意見而不指涉這個獨立的某種東西，就像是表演哈姆雷特卻沒有哈姆雷特的角色。

但是，當實用主義者談論意見時，他就是在表示這種絕緣的、動機不明的抽象概念嗎?當然不是，他表示人活生生的意見，就好像它們真的塑造自己，被他們的原因、服從的影響以及產生的影響所圍繞，並且和他們所屬的以及從中產生出來的整個社會溝通的環境在一起。此外，實用主義者的定義中所假定的「經驗」**就是**反實用主義者指控他忽略的那個獨立的某種東西。人們已經達成一致的意見，就這種經驗是「屬於」獨立現實的，所有的意見都必須知道它的存在，以成為真。它們已經同意，到了最後，抵抗經驗的壓力是無用的；一個人擁有經驗越多，關於真理，他就站在越有利的位置上；一些有比較多經驗的人，就比其他人具有更好的權威；也比較有智慧且更能詮釋他們已經有的經驗，跟隨我們前輩的意見，與他們的評注、討論作比較是這種智慧的一部分；並且，這種意見的比較與權衡越是有系統與完整，越真實的意見就可能會繼續存在。**當實用主義者談論意見時，就是他心裡面所有的這麼具體、活潑、互動、相關地存在的意見**；而當反實用主義者因為「意見」這個詞也可以抽象地來看，且沒有任何環境，而想要打倒實用主義者時，他僅僅忽略長出整個討論的土壤。他的武器畫過空氣，沒有打中任何東西。沒有人在反對對信念滑稽的模仿以及大量裁減意見（這些是德國人猛烈攻擊「相對主義」所包含的）的戰爭中受傷。拒絕抽象地使用「意見」這個詞，在真實的環境中保留它，實用主義仍然經得起考驗。

那個「固執己見」（opinionated）的人們真的存在，不幸地，我們要接受這個事實，不管個人對一般真理的概念是什麼，他們的意見是固執任性的。但是這個事實讓真理不可能由意見的生活確實地發展出自己，這一點還沒有任何批評者可以證實。真理可以包含某種意見，並且確實只有包含意見，雖然不是所有的意見都必須是真的。沒有實用主義者需要在正確的未來中**武斷地表達**意見的一致，他只需要在現在

假定它可能比任何人的意見包含更多的真理。

註釋

①讀者請不要把這裡所描述的謬誤與合法地負面推論混淆，例如邏輯書中名為「celarent」的推論方式。（譯註：celarent 為三段論法中全稱否定、全稱肯定以及全稱否定的三段形式，即為 EAE 的形式，故名為 celarent）。

② *Popular Science Monthly*，紐約，第五十八與第五十九冊。

③見上述引文，第五十八冊，頁 189、188。

④ *Some Dogmas of Religion*，頁 179。（譯註：本書出版於一九〇六年。倫敦 Edward Arnold 出版。作者 John Mctaggart〔1866-1925〕，英國哲學家。）

⑤譯註：羅馬時代的一位暴君。

⑥明斯特堡的書剛剛有了英文版：*The Eternal Values*（Boston, 1909）。

⑦當然在邏輯書中被稱為「懷疑論者」的怪物，是理性主義射擊場中的機械玩具標靶（你射擊它，它就翻了一個觔斗），他們獨斷地宣稱沒有任何陳述是真的，甚至是他自己現在做的陳述也是。但是他是我的同僚能夠想像存在的唯一一種相對主義者。

⑧比較黎卡德的 *Gegenstand der Erkentniss*（論知識），頁 137、138。明斯特堡對這個第一個真理的版本是

「有一個世界」（*Es gibt eine Welt;* there is a world），見其 *Philosophie der Werte*（價值哲學），頁 38、74。兩位哲學家最後終究承認他們認為我們好像不理性否認的最初真理，不是一個恰當的洞察，而是透過意志接受的教條，任何當班的人都可以不理會。但是如果這最初真理全都要回復到「相信的意願」，實用主義者與其批評者都有這個權利。

14

兩位英國批評者

Two English Crtics

羅素（Bertrand Russell）先生①有一篇文章名為〈橫渡大西洋的真理〉（Transatlantic Truth）②，條理明晰、辯證精細、筆鋒機智，但是該文完全沒有掌握可以理解我們立場的觀點。例如，當我們說一個為真的命題，就是相信這個命題後的結果都是好的，他卻假定我們的意思是說任何相信一個命題為真的人，必然首先就已經明瞭其結果**都是**好的，並且這個信念必然原來就在該事實之中；這是一個明顯的荒謬，因為那個事實宣告一個新的命題，與第一個命題相當不一樣，此外，一個事實通常非常難以驗證，如羅素正確地說，「對事實設定一個直率的問題，如『教宗們一直都是永無過失的嗎？』要比問說相信他們是永無過失的效果是否都是好的還要容易。」

我們聲言並沒有像羅素假定的那種可笑的東西。好的結果並不是由我們提出來的，猶如是用來習慣性地斷言真理出現的一個確定符號、標記或是指標，雖然有時候好的結果會有符號的功能；它們比較被當作是在每一個真理宣稱之內的潛在**動機**，無論「有這個觀念的人」是否有意識到這樣的動機，或無論他是否盲目地服從它。它們被當成我們信念存在的原因（*causa existendi*），而不是被當成信念邏輯上的線索或前提，也不被當成其客觀的判決或內容。他們把可理解的實際意義，指派給我們信念中的差異，即我們稱它們為真或假的習慣所表現的樣子。

除了實用主義者以外，沒有真理的宣稱者需要由結果來察覺自己的心智運作，他自己只能抽象地且一般性地察覺到這部分，並且在對自己的信念這方面，他在任何時刻都很可能是漫不經心的。

有些人告訴讀者們，根據實用主義對「真理」的定義，即使在A不存在時，對於A存在的信念可能是「真」的，羅素與這些人同聲一氣。這是常見的毀謗，我們的批評者一直重複這一點來滿足他們自己的需要。他們忘記對於「真理」在人類生活中所預示的東西所進行任何具體的解釋，對某些特定的思考者而言，這個詞只能夠在相對的意義上使用。因此，我可能認為有寫上莎士比亞的名字的劇作就是莎士比亞寫的，而且把這個意見告訴一位批評者，如果這位批評者同時是實用主義者也是信仰培根哲學的人，在其實用主義的範圍內，他會明白看到我的信念的運作，我之為我所是，使這個信念對我來說完全是真的，而在其培根哲學信仰者的範圍內，他仍然相信莎士比亞從來沒有寫過這些受到質疑的劇作。但是大部分反實用主義的批評者，把「真理」這個詞當成某種絕對的東西，也影響他們的讀者，把自己的真理當成絕對的真理。如果有一位他們的讀者相信A並不存在，而我們實用主義者顯示出那些認為A存在的信念能夠令人滿意地運作，他們會一直把這個信念稱為真，這位讀者會嘲笑我們的論點很幼稚，因為如同他所知道的，一個信念所宣稱的事實不存在，這個受質疑的信念難道不就是不「真」的嗎？羅素先生說我們的陳述好像是一種「去除事實的企圖」，因而自然地認為它是「一個失敗」。他又說：「真理的老觀念又出現了」，當然那個觀念就是指當一個信念是真的時，其客體確實存在。

就真正的實用主義原則而言，它**一定**要存在。概念意味著結果。透過在「真」這個概念下所想出來的意見，這個世界對我而言有何不同？首先，與意見一致的客體必須是可以找到的（或是關於該客體的確定符號必須被發現）。第二，這樣的意見必須不能與其他我察覺到的任何意見矛盾。但是，雖然實用主義明確的必要條件，是當我真誠地說某個東西存在時它就**應該**存在，但是羅素先生重複說的毀謗卻已廣泛傳播。

羅素先生本人是一個聰明又活躍的邏輯推論者，因此不會單純獨斷地重複毀謗。如果不是數學上的或合乎邏輯的就根本沒有意義，羅素先生必須巧妙地（*secundum artem*）證明他的控訴有理，且必須說服我們並非錯誤或荒謬。我誠懇地嘗試跟隨他的理路，但是我只能看到這是我所謂惡意的抽象主義的一個例子。數學與純粹邏輯的抽象世界對羅素先生來說是這麼自然，因此他認為我們身為具體事實功能的描述者，必須也意指固定的數學語彙與功能（函數）。數學語彙如a、b、c、x、y、sin.、log.等，都是自我充分的，這類的語彙一旦作成等式，就能夠無盡地彼此互換，不會有誤。羅素先生與後面我會談到的霍特雷先生（Mr. Hawtrey）③看起來都認為我們口中所說的「意義」、「真理」、「信念」、「客體」、「定義」等詞彙也都是自我充分的，不會有改變關係的脈絡會被進一步問到。一個詞的意義就是由其定義來表達，不是嗎？定義都是正確且適當的，不是嗎？定義與詞彙是相當的，所以可以替代詞彙，不能嗎？有相同定義的兩個詞是可以互相替代的，不是嗎（*n'est-ce pas*）？同樣一個詞的兩個定義也這樣，不是嗎（*nicht wahr*）等等、等等，一直這樣下去，如果你無法證明一些是自我矛盾或荒謬，那確實是很奇怪的。

我用運作（working）來說明真理，如果把嚴格主義的處理方式應用到我這小小的說明，情況就會像下面這樣。我說「運作」就是我們觀念的「真理」的意義，並把它當成定義。但是，意義和所意指的事物、定義和被定義的東西都是對等的且可以互換的，而且當一個詞在被使用時，並不會意指其定義以外的意思，因此只要有人稱一個觀念為真，而且意指這個詞所運作的意義，不能意指其他的意義，那麼就只能相信它真的有作用，特別是不能隱含或允許任何關於其客體或判決的東西。羅素先生寫道：「根據實用主義者的說法，說『其他人存在確實是真的』的意思是『相信別人存在是有用的』。但如果是這樣的話，這兩段話不過是相同命題的不同文字；因此當我相信其中一個也就相信了另一個」。〔我順便說一下，看起來邏輯會讓羅素先生立刻相信這兩者，但是他沒有想到「其他人存在」與「相信其他人存在是有用的，即使他們並不存在」這兩個句子會在實用主義者的口中，必定是對等的也因而是可以替換的命題。他忽略了會有這種結果。〕

我現在問，難道真實的詞彙不會有其定義所沒有表達的偶然性嗎？當一個真正的值最後用來取代一個代數系列定義的結果時，所有這些偶然性都不會悄悄回來嗎？信念與其真理都有其客觀的「內容」或「判決」，而真理與其運作都有隱含的意義。如果任何人相信其他人存在，這是他的信念內容，也是其真理的隱含意義，就是事實上他們應該存在。「由定義來看」，羅素先生的邏輯似乎排除了所有這種內容、隱含以及聯結事物等偶然性，且把我們當成將所有的信念翻譯成一種實用主義本身的信念——所有事物！如果我說一個演講是雄辯的，且把「雄辯的」解釋為一種用某種方式運作於聽眾的力量；或如果我說一本書是原創的，且把「原創的」定義為與其他的書都不一樣，那麼如果我懂得沒錯的話，羅素的邏輯似乎就判定我會同意該演講是關於雄辯，那本書是關於其他書。當我把一個信念稱為真，且把其真理定義為表示其運作，我當然意思不是說這個信念不是一個**關於**運作的信念。它是一個關於客體的信念，而我這個談論運作的人是一個不同的主體，有不同的論述世界，由相信者具體思考的論述世界中，我公開地提供一個說明。

「其他人存在」這個社會命題與實用主義者的命題「相信其他人存在是有利的」來自不同的論述世界。一個人可以相信第二個命題而不在邏輯上被迫相信第一個；一個人可以相信第一個命題而不需要聽過第二個；或者一個人可以兩個命題都相信。第一個命題表達一個信念的客體，第二個命題講述信念具有維持自身存在的力量的條件。這兩個命題共同包含「其他人」這個詞，但並沒有任何一致性；如果把兩者視為可以互相替代，或堅持**我們**應該如此，那麼就是放棄處理所有的現實。

霍特雷先生似乎也擁護抽象主義邏輯，用類似羅素先生的論述，宣判我們實用主義者是荒謬的。④

為了向我們表達善意也為了論據的緣故，對於我們的憤怒，他放棄「真」這個詞，同意這個詞只表示某些信念是有利的這個事實；並且他用「正確性」（correctness）這個詞（如同普拉特先生用「如實性（trueness）」這個詞）來指派事實，並非關於信念，而是關於信念的客體，意即它就如同是信念所宣稱的。他寫道：「因此，當我說去說凱撒已死是正確的，我的意思就是『凱撒已死』，這必須被當作是正確性的定義。」然後，霍特雷先生繼續用定義的衝突來駁倒我。他說，對實用主義者而言，「真」的東西不能夠是「正確」的東西，「因為這些定義在邏輯上是不可互換的；如果我們交換它們，我們就會得到一個無謂的重複：『凱撒已死』表示『相信凱撒已死是有利的』。但是相信什麼東西是有利的呢？喲，『那個凱撒已死』。」確實是「凱撒已死」的寶貴定義。

看起來霍特雷先生的結論是實用主義對於信念的真理的定義，必然隱含——什麼？——相信者一定會相信他自己信念的判決？——或者談論那個人的實用主義者必然相信那個判決？這兩種情況相當不一樣。對相信者而言，凱撒當然必須真的存在；對實用主義者的批評而言，他不需要，因為如同我剛剛說的，實用主義的判決完全屬於另一個論述世界。當一個人用一個定義來取代另一個定義，這個人必須待在相同的世界。

在這個討論中，當我們把「真理」這個詞由主觀領域帶到客觀領域，有時候應用於意見的屬性，有時候應用於意見所斷言的事實，論述世界會發生巨大的轉變。一些作家如羅素、摩爾（G. E. Moore）⑤以及其他人喜歡「命題」這個不幸的詞，發明這個詞似乎是促進了這種混淆，因為他們把真理當成「命題」的一個屬性。但是在為命題命名時，幾乎不可能不用到「那個」（that）這個詞。**那個**凱撒已死，**那個**道德是它自己的回饋（做好事即樂在其中），這些都是命題。

我並不是說，為了某些哲學的目的，把命題當成分別包含真理或謬誤的絕對實體，或是製造一個複合詞「that-Caesar-is-dead」並把它稱為真理，可能是無用的。但是這裡的「那個」對於那些想找實用主義者麻煩的人，有非常方便的模稜兩可，有時候代表凱撒不再活著的**事實**，有時候是**信念**。當我把信念稱為真，我被告知那個真理表示事實；當我宣稱事實，我被告知我的定義排除了事實，只是信念中的某些特性——所以到最後我沒有任何真理可以談論。

對我而言，對於這個令人無法忍受的模稜兩可唯一的彌補就是一致地使用詞彙。「現實」、「觀念」或「信念」，以及「觀念或信念的真理」，這些我都一致地掌握其意義，看起來也沒有遭到任何反對。

任何人把語彙由其自然背景中抽象出來，把它們等同於定義，並且把後者當成比較是代數的，不僅僅冒著混雜論述世界的危險，也冒著一般人容易察覺到的謬誤的危險。「藉由定義」來證明「凱撒存在」這個論述，與關於「有利」的論述是一致的，因為一個陳述是「真的」，而另一個陳述是關於「真的陳述」，就好像證明了一輛公車是一艘船，因為兩者都是交通工具。一匹馬可能可以定義為一種用中趾趾甲走路的野獸。當我們看見一匹馬，我們就看見這種野獸，這正如當我們相信一個「真理」，我們就相信某種有利的東西。羅素與霍特雷先生如果繼續其反實用主義邏輯，在這裡就必須說我們看見**它就是**這樣的野獸，這是一個非比較解剖學者不會看見的事實。

這種狀況讓人幾乎無可奈何地不要當個邏輯學家，以避免這麼多抽象主義。羅素先生在其各種嘗試中，最壞的一種抽象主義就是直接說明「真理」這個詞的意義。在他刊載於《心靈》第十三冊（一九〇四年）討論邁農（Meinong）⑥的第三篇文章的第509頁中，企圖把他的討論範圍限制在三個詞，命題、內容以及客體，由相互連結的現實的整體脈絡中抽象出來，而這類的詞在每一個實際認識的例子中都可以發現。他把這些詞彙置於一個真空狀態中，變成僅僅是邏輯的實體，透過每種可能的排列與組合折磨這些詞彙，直到什麼都不剩，在邏輯的體能訓練之後，得到煞有介事的結論，一如他所相信的「正確觀點：在真理與謬誤中完全沒有問題，某些命題是真的，某些是偽的，就好像某些玫瑰花是紅色的，某些是白色的，信念是對於命題的某種態度，當命題是真的時候就是知識，當它們是偽的就是錯誤」，他似乎認為一旦得到這個洞見，這個問題就可以永遠關閉起來。

雖然我對羅素的分析能力非常讚賞，我希望在閱讀這類實用主義的文章（即使沒有其他功能）之後，可以讓他和其他有類似天賦的人，會羞於用他們的能力把現實進行這種抽象化。無論如何，實用主義讓我們免於這種有問題的抽象主義。

〔附註〕前述反駁實用主義的文章出現在一九〇九年四月的 *Edinburgh Review*，我相信是羅素寫的。他對於真理問題的討論雖然一直力求公允，對我來說他的論點基本上並沒有進步。因此，我不會增加更多的討論，只想告訴有興趣的讀者可以參見該文的第 272 頁至第 280 頁。

註釋

①譯註：Bertrand Arthur William Russell（1872-1970），英國哲學家，以數學邏輯及分析哲學聞名。在教育、歷史、政治理論以及宗教研究方面也有很多貢獻。一九一一年當選為亞里斯多德學會會長。一九一八年因反戰而被監禁。一九二〇年應邀到中國講學一年。一九五〇年獲諾貝爾文學獎。一九六四年創立羅素和平基金會。

②載於 *Albany Review*，一九〇八年一月。

③譯註：Ralph G. Hawtrey（1879-1971），英國經濟學家。

④見 *The New Quarterly*，一九〇八年三月。

⑤譯註：George Edward Moore（1873-1958），英國哲學家，反對觀念主義，對分析哲學的建立很有貢獻。

⑥譯註：Alexius Meinong（1853-1920），奧地利哲學家與心理學家，以其對於價值論的貢獻和他的對象論（*Gegenstandstheorie*）而知名。

15

對話

A Dialogue

在對於先前的驗證進行修正之後，在讀者的心裡可能還殘留一些疑慮，讓他仍然無法信服，我想我有責任來排除這些疑慮。如果我用對話的方式，也許可以讓我想說的話更簡短一點。就讓反實用主義者來開始這個對話：

反實用主義者：你說一個觀念的真理是由其運作所決定，現在讓我們假設某種事實狀況，例如有關大洪水時代之前的行星歷史事實，我們也許可以問：「關於它們的真理將會被認識嗎？」假定（撇開全能的絕對這種假設不談）我們預設這種真理是無法被認識的，那麼我現在想問，我的實用主義兄弟，按照你的觀點，這種情況的事實還有真理可言嗎？如果無論如何都無法被認識的情況，究竟是有真理還是沒有真理呢？

實用主義者：為什麼你問我這種問題？

反實用主義者：因為我認為這個問題會讓你陷入一個糟糕的兩難之中。

實用主義者：為什麼？

反實用主義者：欸，因為如果你一方面選擇說有真理的話，你就會因而放棄整個實用主義理論。按照這個理論，真理需要觀念與運作來建構；但是當下這個例子並不預設任何認識者，結果應該是觀念與運作都不能存在。那麼你還有什麼東西來構成你的真理呢？

實用主義者：你想和我的對手一樣，強迫我由現實本身造出真理來嗎？我不能如此。真理是關於現實某種被認識、被思考或是被說出以及隨後數量上會增加的東西，但也許你的企圖是另外的東西；所以在我就你的兩難做出選擇之前，請你告訴我另一個困難是什麼。

反實用主義者：另一個困難就是如果你選擇說因為沒有觀念或運作，所以真理在這種假定的條件下不存在的話，那麼你就公然違背常識了。難道常識不是相信每種事實狀態必定可以用某種命題來加以陳述嗎？即使事實上並沒有人會提出命題來討論，不也如此嗎？

實用主義者：毫無疑問，常識相信這一點，我也是。我們行星的歷史上發生過無數的事件，沒有人曾經或將來可以提供說明，然而可以抽象地說已經有一種可能的說明是真實的。關於任何這種事件的真理，已經以某種一般性的方式被該事件的本質所預定了；因此人們可以完全問心無愧地說，真理實際上是預先存在的。因此，常識在其本能的爭論中是正確的。

反實用主義者：那麼這就是你在兩難中所支持的一方嗎？你是說真理即便在永

遠不會被認識的情況下，也是存在的嗎？

實用主義者：如果你讓我自始如一地堅持自己的真理概念，不要求我為了我認為是無法理解的東西而放棄它的話，我確實是如此相信。難道你不也相信即使在從來不被相信的情況下，真理也是存在的嗎？

反實用主義者：我確實相信是這樣。

實用主義者：那麼請告訴我，根據你的觀點，這個未知的真理包含在什麼東西裡？

反實用主義者：包含？你所謂的「包含」是什麼意思？除了它自身以外，它不包含在任何東西裡，或者更恰當地說，它既沒有一貫性（consistence），也沒有存在（existence），它獲得（obtains）、它**掌握**（holds）。

實用主義者：那麼真理與其掌握的現實有什麼關係呢？

反實用主義者：你所謂的「什麼關係」是什麼意思？真理當然掌握現實，認識它、代表它。

實用主義者：誰認識它？什麼東西代表它？

反實用主義者：就是真理啊；真理認識它；或者不那麼確切地說，任何認識它的人擁有真理。任何對於現實的觀念**代表**關於現實的真理。

實用主義者：但我以為我們原來同意它並不預設認識者或代表它的觀念。

反實用主義者：當然是。

實用主義者：那麼我再一次請你告訴我，真理這種中介於每一個事實與所有關於事實的知識（實際上的或潛在的）之間的第三者（*tertium quid*），究竟包含在什麼之中呢？它在這個第三種狀態中究竟是什麼型態？它是由什麼東西建構起來的呢？心智上的、物理上的還是「知識論上的」呢？它存在於哪一個現實的形上學領域呢？

反實用主義者：多麼荒唐的問題！難道我們說事實如此如此它就**是真的**，若是其他狀況就是假的，這樣還不夠嗎？

實用主義者：事實如此如此「它」就是真的——我不會禁不起誘惑而問你**什麼**是真的；但是，我要問你是否你的句子事實如此如此「它就是真的」，這句話是否確實意味真的外加於事實單單如此如此存在的任何東西嗎？

反實用主義者：它似乎是比事實單單存在更多的東西，它是事實在心智上的等同物，它們的認識論函數，知性詞語的值。

實用主義者：這顯然是事實的一種精神上的替身或鬼魂！如果是這樣的話，請問你哪裡可以找到這種真理呢？

反實用主義者：哪裡？哪裡？沒有「哪裡」——它只是獲得，絕對的獲得。

實用主義者：不是在任何人心中？

反實用主義者：不是，因為我們同意不應假定任何真理的實際認識者。

實用主義者：我同意沒有實際的認識者。但是你確定在你心中沒有一個潛在或理想的認識者的概念，與形成事實的真理的這個奇怪、難以理解的觀念有關嗎？

反實用主義者：當然，如果有關於事實的真理，該真理就是理想上的認識者所認識的。在這個意義上，你不能把真理的概念與認識者的概念分開來。但是我認為並非先有認識者才有真理；而是先有真理才有認識者。

實用主義者：不過你仍然讓我對於這個被稱為真理的地位感到非常困惑，把它懸在地與天之間，現實與知識之間，奠基於現實，卻又在數量上增加於現實上，同時又先於任何認識者的意見，且因而是獨立的。它是像你所預設的那樣獨立於認識者嗎？在我看來它完全是可疑的，它好像只是一種潛在知識的另一個名字，與現實的實際知識不同。難道你的真理不是成功的認識者（**只要他存在的話**）所認識的東西嗎？在一個無法想像有認識者的世界中，關於事實的真理、而且是某種在數量上與事實本身是可以區別的真理，有存在的空間嗎？在我看來，這種真理不僅是不存在的，也是不能想像的、匪夷所思的。

反實用主義者：但我想你剛剛說過，過去的事件**有**真理，即使沒有人會知道。

實用主義者：是的，但你必須記住我也要求你同意用我的方式來定義這個詞。關於一個事件在過去、現在或未來的真理，對我來說只是下面這個事實的另一個名稱，即**如果**該事件**真的**被認識，該知識的本質就已經在某種程度上被預先決定了。先於事實的知識的真理，只表示對於事實的任何可能的認識者，終究會發現自己必須相信的東西。他必須相信某種東西會帶著他進入與這事實有令人滿意的關係中，證明這是一個適當的心理替代品。這種東西是什麼，當然在一定的程度上已經由事實的本質與其關連的範圍所確定。

在我看來，當你說真理先於認識而存在時，你能夠完全清楚表示其意義。它是預期的知識，只能以可能性的形式而存在的知識。

反實用主義者：但是當知識產生時，它認識的是什麼？難道它認識的不是**真理**？如果是如此，真理就一定不能與事實或知識區別開來嗎？

實用主義者：對我而言，知識所認識的是事實本身、事件或是任何一種現實，你在這個領域中看見三種實體，現實、認識以及真理，我只看到兩種。此外，我還看見我的兩個實體被**認作**（known-as）什麼，但是當我問我自己你的第三個實體——真理——被當作什麼時，我一方面找不到任何與現實可區別的東西，另一方面也找不到它可以被認識的不同方式。你難道不可能是被日常語言所誤導的嗎？日常語言常為了方便而使用混雜的名稱，有時候表示一種認識，有時候表示一種已知的現實，且兩者互相替換使用。若哲學把這種模稜兩可持續化且神聖化，能夠有什麼好處呢？如果你把知識的對象稱為「現實」，把它被認識的方式稱為「真理」，而且是在特殊的場合，被與它有各種不同利害關係的特殊的人所分別認識，而且你始終如一地堅持這個術語的話，在我看來你就會避開所有的麻煩。

反實用主義者：你是說你避開了我的兩難問題？

實用主義者：我確實避開了；因為如果真理和知識像我所說的那樣相互關連且互相依賴的話，那麼只要知識是可以想像的，真理就是可以想像的，只要知識是可能的，真理就是可能的，只要知識是實際的，真理就是實際的。因此，當你向我提出兩難的第一個困境時，我想到**實際的**真理，因此說它不存在。它不存在；因為根據假設並沒有認識者、沒有觀念、沒有運作。然而，我同意真理**可能**或**真的**存在，因為認識者可能會產生；可以想像的真理當然也存在，因為抽象地說，大洪水之前的事件，本質上並沒有任何東西，使得把知識應用在它們上面是無法想像的。因此，當你試圖使我進入兩難的第二個困境時，我想到的真理只是一種抽象的可能性，因此我說它確實存在，並站在常識這一邊。

這些分辨難道不正讓我由尷尬中解放出來嗎？你難道不認為這可以幫你作出這些分辨嗎？

反實用主義者：絕不可能！去你的可惡繁瑣分析與詭辯！真理就是真理；我絕不會用你的方式把它等同於低級實用主義的細項來貶低它。

實用主義者：好吧，我親愛的對手，我很難指望說服一個像你這樣傑出的理智主義者與邏輯學家；只要你活著，就好好享受你那不可言喻的概念吧。也許下一代會比你更適應對於詞彙進行具體和經驗的詮釋，實用主義就涵括在其中。也許他們到時候會覺得奇怪，像我這種無害且自然的真理觀，在進入人們的心靈時是這麼困難，這些人比我希望成為的還要聰明得多，但是卻讓教育和傳統把他們與抽象主義的思想方式結合在一起。

內容簡介

宗教信仰能成為真理嗎？真理如何被實現呢？與真理等價的又是什麼？

「我認為我們的宗教信仰之能成為真理，是涵括在其讓我們『覺得好』而不是在其他因素上。」百年前，二十世紀心理學巨擘威廉．詹姆斯如是說，引來許多爭議，百年後的今天，探討「真理」的聲音卻似乎相當稀微薄弱。

雖然詹姆斯自小就對哲學很有興趣，但他在年過半百後才將學術興趣轉向哲學，於一九○七年出版《實用主義》（*Pragmatism*），引發及大的迴響，被公認為是美國當時重要的哲學家。pragmatism這個詞借用自美國符號學大師、實用主義哲學家皮爾斯（Charles Sanders Peirce, 1839-1914），但是皮爾斯只是提出一個避免模稜兩可、不夠精確的哲學方法，詹姆斯卻繼續推演成為一個關於真理的理論。詹姆斯否認在一個不斷變化的世界中有絕對的真理，真理是暫時性的，而非依絕對的標準存在。詹姆斯將對真理的分析，應用到對道德原則的討論，他認為絕對的道德標準必須讓位給將人類的情況與經驗考慮進去的價值觀。

繼《實用主義》之後，威廉．詹姆斯將自己所有直接討論真理問題的文章匯集成此書，命名「真理的意義」（The Meaning of Truth），內容談及認知的功能、「真理」一詞的意義、人文主義的本質、人文主義與真理、實用主義者對真理的解釋及其誤解者、認識者與被認識者的關係、絕對者與精力充沛的生活、抽象主義與「相對主義」，以及與其他學者關於真理的對話。他相信對「真理」明確的定論將在知識論的歷史上形成一個轉捩點，之後在一般哲學史中也必是如此！

作者簡介

威廉・詹姆斯（William James, 1842-1910）

一八四二年一月十一日出生於紐約，是科學心理學的奠基者，同時也是美國最傑出和最具影響力的哲學家之一，有「美國心理學之父」之稱。

其父親是神學家亨利・詹姆斯（Henry James,1811-1882），弟弟是著名小說家亨利・詹姆斯（Henry James,1843-1916；與父親同名）。威廉・詹姆斯自小就對哲學很有興趣，父親安排他在美國與歐洲接受家庭教師及私立學校的教育，學習藝術與醫學；一開始在巴黎學習藝術，但最後選擇醫學。

一八七二年獲得醫學學位後，隔年即受聘到哈佛大學教授生理學。一八七六年，他開始教心理學，同年創設美國第一個心理學實驗室。一八九〇年詹姆斯出版了一本兩冊的作品《心理學原理》（*The Principles of Psychology*），幾乎概括整個十九世紀的心理學，被翻譯為法文、德文、義大利文以及俄文，是心理學界最重要的指定文本。一九〇二年出版宗教心理學經典《宗教經驗之種種》（*The Variety of Religious Experience*）。

一八九七年，詹姆斯將學術興趣轉向哲學，於一九〇七年出版《實用主義》（*Pragmatism*），將 pragmatism 推演成為一個關於真理的理論，《真理的意義》（*The Meaning of Truth*）即為他討論真理問題的文章匯集；一九〇九年出版《一個多元的世界》（*A Pluralistic Universe*）。詹姆斯晚年時備受稱譽，被公認為美國當時最有名的哲學家，於一九一〇年八月二十六日逝世。

譯者簡介

劉宏信

台灣大學心理學系碩士，美國杜肯大學（Duquesne University）心理學研究所碩士。翻譯威廉．詹姆斯重要著作：《宗教經驗之種種》及《真理的意義》（以上皆立緒出版）。

國家圖書館出版品預行編目(CIP) 資料

真理的意義：威廉・詹姆斯經典/ 威廉・詹姆斯(William James)作；劉宏信譯 -- 二版 -- 新北市：立緒文化, 民111.09
面；　公分. --（新世紀叢書）
譯自：The meaning of truth
ISBN 978-986-360-197-5(平裝)

1.實用主義

143.73　　111013605

真理的意義：威廉・詹姆斯經典（2022 年版）

The Meaning of Truth

出版——立緒文化事業有限公司（於中華民國 84 年元月由郝碧蓮、鍾惠民創辦）
作者——威廉・詹姆斯（William James）
譯者——劉宏信

發行人——郝碧蓮
顧問——鍾惠民

地址——新北市新店區中央六街 62 號 1 樓
電話—— (02) 2219-2173
傳真—— (02) 2219-4998
E-mail Address —— service@ncp.com.tw
劃撥帳號—— 1839142-0 號 立緒文化事業有限公司帳戶
行政院新聞局局版臺業字第 6426 號

總經銷——大和書報圖書股份有限公司
電話—— (02) 8990-2588
傳真—— (02) 2290-1658
地址——新北市新莊區五工五路 2 號
排版——伊甸社會福利基金會附設電腦排版
印刷——尖端數位印刷有限公司

法律顧問——敦旭法律事務所吳展旭律師

分類號碼—— 143.73
ISBN —— 978-986-360-197-5
出版日期——中華民國 94 年 12 月初版　一刷（1 ～ 3,000）
　　　　　　中華民國 111 年 9 月二版　一刷（初版更換封面）

定價◎ 290 元（平裝）